アメリカ本国を驚愕させたプルデンシャル生命の「売る力」

プロフェッショナルセールスマン2

編集　プルデンシャル生命保険
フェイスブック（日出ずる国の営業）運営事務局
（取材・原文　神谷竜太）

プレジデント社

はじめに。

さまざまな業界から
トップセールスたちが集まり、
いちどは壁にぶつかる。

それが私たちプルデンシャル生命保険です。クルマや住宅、医薬品や飲料、広告や金融商品などを順調に売ってきた人たちが、そのキャリアと将来の安定を捨て、もっともセールスが難しいと言われている生命保険を売るためにわざわざ転職してきます。そして数か月の間に、ほぼ例外なく、彼ら彼女らは挫折を味わうことになります。

かつて扱っていた商品、たとえば顧客自らが乗れたり住めたりするようなわかりやすいものには、誰もがすんなりお金を出します。ところが、いつともしれない自らが死んだあとにしか役立たない商品を、喜んで買う人はなかなかいるものではありません。前職との大きなギャップと厚くて高い壁が、トップセールスたちの前に立ちはだかります。


どうしたら、壁を乗り越えられるのか？　どうしたら、より多くの顧客の役に立てるのか？　その答えを本気で探している人たちに対して、あらゆるサポートを欠かさない。

私たちプルデンシャル生命保険はそんな会社でもあります。


「こんなやり方でうまくいった」

「お客さまの言葉にこんなことを感じた」

「新たにこんなマーケットを開拓した」

一人一人がセールスの現場で体験したことを日頃から周囲の仲間に伝え合い、地区単位や全社で集まる場でも伝え合いながら、セールスのスキルとマインドを共有しています。これは売ることはもちろん、それ以前にお客さまに会っていただくことさえ難しい生命保険という商品を扱っている私たちにとって、必然性から育まれた企業文化です。

そうして培ってきたものを社内だけに留めておいてはもったいないのではないか。現役営業社員たちの生々しい情報を社外にも発信したなら、多くのセールスパーソンが元気になり、ひいてはニッポンが元気になるのではないか。

営業職の地位向上を目指してきた私たちにとって、自然に湧き出た思いでした。そこで、双方向にやりとりし切磋琢磨のできるフェイスブックという場で、『日出ずる国の営業』を開設したのです。

これは、エグゼクティブ・ライフプランナーと呼ばれる上級営業職を中心としたセールスパーソンたちが週替わりで師範として登場し、自らのスキルやノウハウ、成功談や失敗談、顧客とのエピソード、大切にしている思考などを通じて、〈セールス道を指南〉するコンテンツです。二〇一二年七月の開設当初から、事務局の予想をはるかに上回るペースでファンが増え続けました。「いいね！」のカウントがアップするたびに、営業職に対する興味関心の高さを再認識しました。寄せられるコメントを読むたびに、営業の手法や考え方について悩みを抱え、レベルアップを望んでいる人たちの多さを実感しました。

「売ること」がお客さまへの貢献である。
だからこそ、徹底的にこだわる

『日出ずる国の営業』を再編集したのが本書です。結果として、セールス本としては異質な一冊になりました。一人でなく、三〇人のセールスパーソンが、それぞれ異なることを語っているからです。ある者は〈白〉と言い、ある者は〈黒〉と言うテーマもあるでしょう。しかし、やり方も考え方もまったくバラバラでいい。セールスパーソンの個性や経歴によって、セールスは無限にあるということです。

セールスの結果とは「お客さまの課題を解決できたかどうか」だと私たちは考えており、それは「生命保険を売る」ことを通じてしか成しえません。つまり、「売る力」の追求こそ、セールスパーソンがこだわり続けなければならないことではないでしょうか。

今回、ファンの皆さまから寄せられた多くの声によって、書籍化が実現しました。当初、『日出ずる国の営業』に師範として登場するのは弊社のセールスパーソン限定でしたが、その後は社外の方々にもご登場をいただき、より多岐にわたって営業の魅力をお伝えする場へと進化しつつあります。第二弾、第三弾となる本も皆さまにお届けできるよう、この活動を続けていきたいと考えています。

さて、あなたは本書に登場するどんなセールスに心が惹かれることになるでしょうか？

あなたにとっての「いいね！」が本書から見つかれば幸いです。

二〇一五年三月吉日
『日出ずる国の営業』運営事務局

アメリカ本国を驚愕させたプルデンシャル生命の「売る力」
プロフェッショナルセールスマン2

contents

第四章 ●「小さな気配り」で勝つ

第五章 ●「ロジカルシンキング」で勝つ

contents

取材・原文＝神谷竜太
編集協力＝田島清志

本文に記載されている年齢などの数字は取材時のもので、現在と異なることがございます

第一章

「ひとつひとつの粘り強さ」で勝つ

No.01

「三〇〇〇人の頂点に立つ男」の"ノミジャンプ"発想法

川崎太郎

［京阪支社 1966年生まれ／前職：人材・情報サービス］

一九九六年、リクルート（当時、現リクルートホールディングス）から転職してきた川崎太郎は、入社一年目にして年間セールスランキング五位になり、その後もほぼ毎年トップ一〇入りを果たしている。そんな川崎にも一つの弱点があった。「チャンピオンとなることで周囲から注目され、否が応でも目立つこと」が嫌で、毎年いいところまでいってもトップをとるための追い込みを躊躇してしまっていたことだ。

十分に高い業績を挙げながら、どうしても乗り越えられない「頂点を目指す」ことへの壁。ある日、移動中に読んでいたゴルフ雑誌の中で「優勝争いになると自分から退いてしまう選手のメンタルの弱さ」に関する記事を読んだとき、日々勉強やスポーツに真剣に取り組む二人の娘の顔が浮かんだという。

「彼女たちがこれからの人生で、本当に自身を追い込まなければならなくなったとき、最後の勝負から逃げてきた自分に叱咤激励する資格はあるのか」

そう思ったとき、心にパチンとスイッチが入った。

それは年間ランキングの締め日まで、残り二か月を切っていた時期。尻込みしたくなる気持ちを抑え、川崎は、動くスピードを意識して上げ、多くの人に会い続けた。気が付くと、新人時代と同じ活動量になっていた。そして、ついにその年のチャンピオンに輝く。約三〇〇〇人の中の頂点に立ったのだ。「やると決めた瞬間に、すべての流れが良くなって、ツキも味方になりました。しんどいと同時に楽しい毎日を走り続けた感じです」と語る、川崎の歩みから学べることは少なくない。

自らがイメージした高さが能力を決める

川崎が入社以来、好業績を残している理由の一つに、転職時の勘違いがある。

「会社説明会でプルデンシャル生命の営業職は固定給のないフルコミッション制になっていると説明を受けたときに、そう話す相手の実績を尋ねたところ、僕の予想を超える報酬があるとの答えが返ってきました。それなら、自分はもっとやれるだろうと勝手に想像したんです。その数字が一つのベンチマークとなった。その人のおかげで目標設定のバーを引き上げることができたんです」

自分は期末にどのくらいの結果を残しているのか。「そのイメージをいかに高いところに置くかが大切」と川崎はいう。

「僕はよく、たとえでノミの話をするんです。逆さに置いたコップの中にノミを入れておく。しばらく経ってから、コップを外してみる。すると、本当はノミって体長の一〇〇倍とかジャンプできるはずなのに、コップの高さまでしか跳べなくなる。これって、生き物は自分のイメージしたところまでしかいけないという教訓と同時に、裏を返せば、自分のイメージしたところまではいけることを示しているのだと思うんです」

「もう一件」という行動が奇跡の出会いを呼び込む

では、高いイメージ設定さえあれば、結果が出せるのだろうか。じつはもうひとつ、そのイメージをつかみ取るがむしゃらな努力が、いまの川崎をつくっている。

「新人時代のある晩のこと。僕は大阪郊外の住宅街にいました。真っ暗な道には人影もない。家々には明るい光が灯って、夕食のいい匂いが漂ってくる。僕は朝から歩き回っているのと空腹とでフラフラで、もう帰ろうかなと思いました。でも、もう少し歩いたところにお客さまの家があるから、もう一件だけ回ってから帰ろうと思ったんです」

顧客の家に向かって歩きはじめて間もなく、薄暗い道の向こうからスーツ姿の男性が近づいてくるのに川崎は気付いた。すれ違いざま、街灯の下でチラッと顔を見合わせた瞬間、二人は同時に声を上げていた。

「おー、太郎やないか」

「あれ、Aさん！」

なんと前職時代に世話になり、営業所を全国一位にした喜びを分かち合った元上司だったのだ。「こんなところで会えるとは、なんて偶然なんだろう！」と興奮しながら名刺を差し出し、あらためて転職の報告をする川崎に、元上司はこう言った。

「太郎、ホンマにちょうど良かったわ。じつはオレ、会社つくってな、役員保険に入りたいから、明日にでも来てくれ」

◀ポジティブ・イメージの頂点ともいえるチャンピオン・トロフィー。「また狙いますか？」と尋ねると、「とんでもない。一度で十分」と川崎。

のちに顧問税理士も紹介され、法人マーケットが広がるきっかけにもなる出会いとなったのだ。

「その直後には、もう一本だけとかけた電話から、たまたまタイミング良くご紹介をいただけるということもありました。ツイてることが二つ重なったんです。『運が良かっただけです』って成功者の人がみんな言うのは、このことなんだなって思いましたね。今日は一〇〇やったから十分やないかというのは、自分で天井をつくってしまう、（高く跳べる能力を持っている）ノミにコップを被せてしまう行為になる。一〇〇ではなく一二〇やることで、その二〇がツキを呼び込むんじゃないかと思うんです」

「ツイてない」と思っている人こそ感謝の心を持つ

年間ランキング一位に挑み、見事手にした川崎。後輩や娘たちに、自分がビジネスで学んだことを少しずつ教えているという。

たとえば、娘をゴルフレッスンに連れていった帰りには、気が付いたことをクルマの中で話す。「先生に対するときは、『目を見て、ちゃんとした言葉遣いをしなさい。なぜかというと、運ってすごく大切だ。運はすべて人が運んできてくれるものだから、人から愛されていない人に運は来ないんだよ』と。どこまで理解しているかわかりませんけど、もっと好意を持たれることを意識してほしいと思ったのです」

だから、「自分には運がない」「ツイてない」と思っている人には、「なにごとに対しても感謝の気持ちを大切にすること」を川崎は推奨する。

「運がいいと、自然と感謝する気持ちが湧いてきます。そして感謝するとまた運が良くなる。そういう好循環って、あると思います。僕ら営業の世界で数字が落ちていく瞬間というのは、それがなくなったときです。うぬぼれて、『自分の力で数字が上がっているんだ』と勘違いした瞬間から、落ちていくような気がします。営業に限らず経営者の世界でも、慢心した瞬間に会社は傾いていくという話はよく聞きます。そうならないよう、意識的に気を付けているんです」

感情の伝染を体験せよ

川崎はセールスパーソンにとって大切なのは感性だという。「お客さまの感情や考えに気付けない鈍感な人は伸びない」と断言する。

「プレゼンテーションのときに、お客さまが『これで申し込もうかな』と言いながらも、どことなくスッキリしていない。そこできちんと立ち止まって丁寧に掘り下げていくと、『じつは保障にこういうことも求めていて……』というご要望が新たに分かったりします。そこを大事にしていくことが、長期にわたるご契約の継続につながると考えています」

ちょっとした違和感を見逃さないために、有効なトレーニングがあると話す。

「僕ら自身も営業を受けるべきなのです。たとえばアポイントがキャンセルになってしまったら、喫茶店でコーヒーを飲むのではなく、

◀支社の執務ブースにて。よく「『ある程度の見込みは期首には既に見えているんですよね?』と聞かれるのですが、そんなことは全然ありません。僕の場合はいつもゼロリセットから、ご契約を1件1件お預かりしていくやり方ですね」

家電量販店などに行って売り込みを受けてみる。すると『こういう説明はわかりやすいな』『こういう人からはモノを買わないな』『こういう言葉一つ発しただけでアウトだな』と気付けます」

自ら満足・不満足の体験をすることを勧める川崎。印象に残っている気付きを尋ねると、「ていねいに接してもらっているようでいて、目はそうじゃないことは往々にしてある。営業の方の深層心理は、なんとなく表情や目に表れます。僕はお客さまと接するとき、その人のことをホンマに好きと思ってしゃべるんです。相手から好意が伝わると、こっちも好きになるし、逆もまたそうですよね。感情は伝染するものだと思います」

相手に伝わるのは「よくて三割」という自覚から始める努力

若手のセールスパーソンの中には「お客さまにプレゼンしたけど伝わらない」とこ

ぼす人が少なくない。川崎はその原因を次のように分析する。

「なぜ伝わらないかというと、コミュニケーションの難しさを理解していないからだと思うんです。本人は自分が言ったことは一〇〇%お客さまに伝わっていると思っている。でもコミュニケーションってそんな簡単なものじゃなくて、相手にはよくて三〇%ぐらいしか伝わっていません。それを自覚して、八〇%、九〇%へと高める努力をしなければいけないと僕は考えてきました」

たとえば、川崎は、説明の流れを止めないように、対面したときに逆さまに文字や図を書くようにしたり、顧客がわかりやすい簡単な言葉を使うことに心を砕いたりしてきた。「わずかな配慮ですが、その積み重ねが大切」という。

「お客さまにしてみれば、もともとわかりにくい保険商品を、普通に説明されても理解できません。しかも、クルマや住宅とは違って、そもそも積極的に聞きたい話じゃないかもしれない。だから、『わかりにくかったのでもう一度』などとわざわざ聞き返してくれないのです。そのためにいつのまにか商談が進まなくなるケースは少なくありません。特に生命保険の営業は、相手がイメージを持ちにくい状況の中でその必要性を伝えるわけですから、その過程におけるコミュニケーションの難しさを意識しておかないと結果は出ません」

不安を断ち切るには、数へのこだわりがいちばん

セールスパーソンにとって、電話のガチャ切りやドタキャンが続くと、さすがに精神的に堪《こた》える。川崎は、それをどう乗り越えてきたのか。

「僕が心がけてきたことは、数をこなすこと。行くところや電話するところが少ないから『断られたら後がない、どうしよう』と不安になるわけです。アプローチ先がいっぱいあれば、少々断られようが何されようが気にならない。数をもってカバーするっていうのがいちばんの近道だと思います」

もう一つ、メンタル面をコントロールする方法があるそうだ。

「僕が気を付けているのは、保険契約に大きいも小さいもないということ。自分で大小とか色分けするから、大きい契約だと緊張するし、小さい契約だとどこかおろそか

になる。僕は二〇年近く続けているいまも、たとえば午前中は法人のお客さま、午後は個人のお客さまとまんべんなく回っていますが、どちらもありがたく商談させてもらっています」

どんなことでもポジティブに捉えてみる

川崎の顧客には、海外でのゴルフを共にするほど仲の良い社長がいる。法人保険を預かったあと、社長個人の保険も提案したが、心電図の検査で加入条件を満たせなかった。川崎としては役に立てずに、残念な結果となってしまったわけだ。

「それからわずか二か月後のことですけど、社長はテニスの最中に、心臓の具合が悪くなって倒れてしまいました。『そういえば、川崎君の保険の検査のとき、心房なんとかと言われてたな』と頭に浮かんだので救急車をすぐに呼び、医者から『心筋梗塞です。でも、早

◀入社1年目にして全社5位に輝き、両親と揃って表彰を受けたときの、思い出の1枚。

く病院に運んできてもらって良かった』と言われたそうです。もし、しばらく様子を見ようとコートに座っていたら、命が危ぶまれる事態でした。ボツになった商談にも、人の役に立つ意義があったんですね」

このことがあってから、川崎はこう考えるようになった。

「良くないことがあっても、むしろこれはツイてるんだ」

当日のアポイントのキャンセルは「少し身体を休めろということだし、溜まっていた事務処理も片付けられる」というわけだ。そんな超ポジティブ思考の川崎でも、頭を切り換えられないくらい悔しい出来事があった。

「古い友人が経営に関わる会社に、時間をたっぷりかけて役員保険の商談を進めていました。ところが出資会社の関係で、途中から参加した他社にすべて持っていかれてしまったんです。このときばかりは、かなりひきずりました。『いや、これはいいことなんだ、なぜなら……』と自分に言い聞かせる理由が見つからな

▶「数を追求して基盤をつくった時代があったから、いまは数でラクをさせていただいている」と川崎は言う。

い。イライラのあまり、タバコに火をつけてはすぐにもみ消す自分に気付きました。『あ、そうだ、このボツになった商談をきっかけに、タバコをやめよう』。なんども挫折した禁煙に成功したのは、この商談をまとめられなかったという悔しさのおかげでした。なんでもプラスに転化できるんですよ」

No.02

新規開拓を八割成功させるアプローチ術

大島良介

［大阪中央支社 1966年生まれ／前職：商社］

大島良介は、前職の専門商社では、オルゴールや時計を海外から買い付けし、全国の百貨店などに売り込む仕事をしていた。

生まれ育った吹田《すいた》（大阪府）は、いわゆる下町の近所づきあいがある地域で、大島も三〇年ちかくの間、毎年祭りで神輿を担ぎ続けてきた。そんな人と人との関係の深い地域で育ったせいか構えたり怖じ気づいたりすることなく、誰に対しても人懐っこく話しかける特技が身に付いていた。

中堅からベテランの域へと入ったいまも好業績を続け、新しい裾野を広げ続けている。それを可能にしているのは、顧客からの紹介で顧客との出会いを増やしていくのと並行して、街や飲食店などで出会った人にもその人懐っこさから堂々とアプローチする、いわゆる直接的見込み客の発見に努めているからだ。

そんな積極的な営業を続ける大島はアプローチするときに何を考え、どのように顧客に接しているのだろう。また、高いモチベーションを維持するためにはどのような工夫をしているのだろうか。

お客さまになっていただきたいかを判断基準にする

つい先日の旅行帰りのこと、混み合った空港のラウンジで、大島の隣に若いカップルが座った。ちょっとしたきっかけで雑談をすると、どうやら新婚夫婦。せっかくの縁と思い、自己紹介をしたという。その場では保険の話まではしなかったが、連絡先を聞いて、後日あらためてアポイントをとった。相手から断られることへの恐怖心はなかったのだろうか？

「断られる恐怖心はありますが、勇気も必要です。少し考えてみてください。向こうはこちらに対して新婚旅行中に出会った明るいオジサンという、いいイメージを持っているはずです。タイミングはぴったりなわけで、この仕事をやっていたら声をかけないのは逆におかしいですよね。僕のセールススタイルには、特別な仕組みやスキルはありません。ただ、会ってすぐには言いにくいとかいい人で帰ってくるではなしに、人がやりたくないことをやる勇気もときに必要となるだけなのです」

旅行中というオフタイムも含めて、さまざまなチャンスを見逃さない大島。名刺を渡し、連絡先を教えてくれた方に後日電話をすると、十人中八人は会ってもらえるという。

「たとえば新婚夫婦なら、心から応援してあげたいと思う。仕事を頑張っていそうな人なら、仲良くなって互いに刺激し合いたいと思う。僕にとってこんな人と一緒にいられたら楽しいだろうなと思う相手なら、いいご縁につながる確率は高いんです。『誇りを持ってこの仕事をやっているので堂々と保険の話をさせていただいています』という僕らの姿勢を理解してくれそうな方、つまり『お願いしますよ』と頭を下げる必要のなさそうな方にアプローチする。顔が見えるかたちで自発的にチャレンジするわけですから、『やっぱり言ってみて良かったな』とか『ちょっと残念だったな』とか、どちらの結果でも納得はできますよね」

負け癖だけは回避する

後輩の指導を行う際に大島が掲げているいちばん大きなテーマは、現状打破だそうだ。

「他人があれこれ言っても、本人がよほどの決意をしない限りは変わりません。僕はきっかけをつくるだけ。誰でもそうですけど、ダメ、ダメ、ダメが続けば『またダメかな』って負け癖がついてしまって、足が動きません。負け癖を回避するためには、いつも入社当時の熱い気持ちを思い出して、冷えているココロを温める。それが現状打破の第一歩につながると思っています。そのためにとにかく人と会い続ける。コミュニケーション能力をつねに高めていくことが大切です」

つまり大島が後輩に伝えたいのは、スキルやテクニックではない。

「メンタルを大事にしないといけないと思っています。こちらのモチベーションが低くなったら、お客さまにいい提案はできませんし、お客さまに元気を与えることは絶対にできない。ですから、いつも楽しいことを考えるんです。僕の場合なら、今年も週に三件のご契約を五〇週間お預かりし続けていたり、社内コンテストで表彰されたりしている自分の姿を強くイメージします。そのために一年後の表彰式の日の予定は空けておいて、そのための階段を毎週コツコツと上っていく。それがいちばん心の平和につながります。どんな仕事でもそうですけど、小さな成功の積み重ねが大きな成功になると僕は思っているんです」

仕事を通じて生涯の友を探す

生まれ育ったコミュニティを大切にし、三〇年ちかく祭りの神輿を担いだり、地元でのさまざまなボランティアを続けたりしてきた大島のヨコのつながりを盛り上げたいという性分は、仕事でも発揮されている。

「僕のパワー・パートナーである四人のお客さまを結びつけた会を、二年前につくりました。お一人は、人間ドックの検査結果を聞きに行ったときに知り合った医院長先生です。きっかけは他愛もないことでした。僕の名刺は、パウチ加工して四隅が丸くなっています。それをお出ししたら『こんなのあるんですね』と興味を示されたので、『こんどお食事でも行きませんか』と、いつものように積極的にお誘いしたわけです（笑）」

会のメンバーは医院長の他、公認会計士が一人、経営者が二人という顔ぶれ。

◀前職で海外へ買い付けに行っていた大島。手にしているのは、スイスから持ってきた壁かけのオルゴール。ほんわかした音色が人をホッとさせるというのは、どこか大島と共通している。

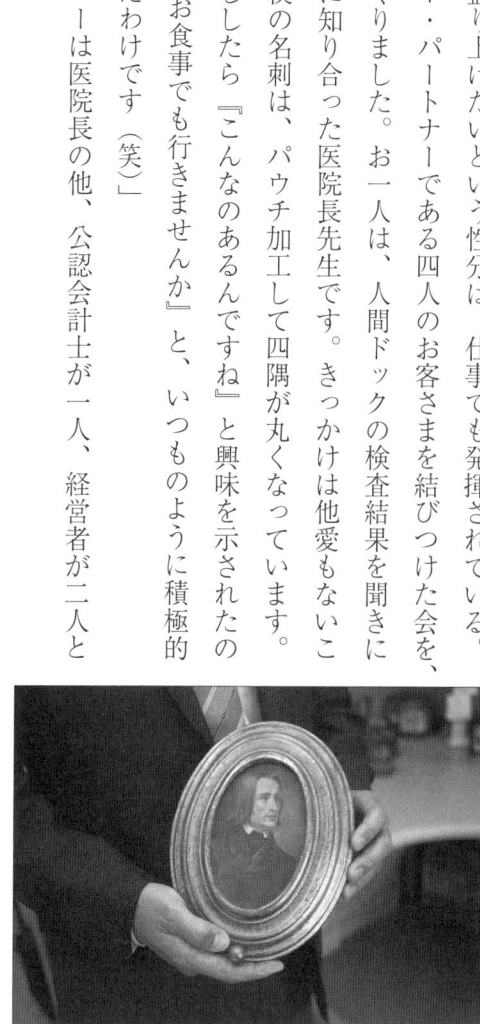

「この人とこの人を会わせたいな、参加した全員の人生が楽しくなるだろうな、という気持ちで、ご縁をぐっと深めてみたんです。昨年一一月には兵庫県竹野温泉にカニを食べに行ったり、世界遺産の京都西本願寺の特別拝観に行ったり。毎月一回かならず会うようにして、食事をしながら情報交換したりします。とにかく皆さん前向きで、エネルギーを浴びさせてもらっている感じです。仕事での出会いを仕事だけで閉じるのではなくプライベートの人生とつなげて考えることが、結果的に仕事もプライベートも上手くいくような気がしています。どんな出会いからどんな関係に発展していくかは分かりません。ちょっとした勇気から人生が大きく豊かになる可能性を考えると、躊躇するなんてもったいないですよね」

▶眺めのいい執務ブースの窓辺には、たくさんの表彰トロフィーなどが鎮座。大島がコツコツ歩んできた足跡だ。

No.03

一〇秒の会話に顧客が使う専門用語を二語入れる理由

多月由佳

[大阪第二支社／前職：コンビニエンスストア]

多月《たつき》由佳は入社四年目にして、社内セールスコンテストにおいて女性ライフプランナーの中で年間ナンバーワンに輝いた。前職でもトップセールスだったのかと思いきや、じつはセールス経験はまったくの素人。スーパーバイザーとして勤めていた大手コンビニ本部も結婚を機に退職し、ライフプランナーになるまでの丸二年間は専業主婦だった。

しかも、出身も前職の勤務地も広島で、嫁ぎ先の大阪には知り合いすらほとんどいない。不利な条件は山ほどあるが、学生時代のバスケットやコンビニでの店舗指導のように、いつもなにかに夢中で頑張っていた自分をもういちど取り戻せる仕事だと心の底から感じ決意した。そして、結果を残すために考え抜いたすえ、ある二つの職域を主なマーケットと位置づけ、活躍を続けている。そんな多月が短期間に顧客の信頼を得るためにとった方法とは……。

立ち位置、動線を研究し尽くす

大阪には地縁もなく、訪ねる先のなかった多月。そこで、勝手知ったる前職のコンビニ店舗への飛び込みを始めたが、目の前で名刺を破られたり、居留守を使われたりと、セールスの厳しさを思い知らされた。打開策を考えた挙げ句、ただ闇雲に訪問するのをやめ、研修勤務しているコンビニ本部社員の横のつながりが見込める直営店舗にフォーカスし、門前払いにならないよう、訪問方法にも工夫を重ねたという。

「レジのパートさんに『○○さんいますか？』と呼んでいただくと、多くの場合、奥の部屋にいる社員さんは、防犯カメラで訪問者を確認しています。そこで『知らない人だから帰ってもらって』と言われては困るので、カメラに映らない位置で、なおかつ、お客さまにも店員さんにも邪魔にならない動線にスッと真っ直ぐ立つんです。その立ち姿も含めた最初の五秒の印象で、私の話を聞いていただけるかどうかが決まると考えたのです」

そうしてなんとか会えた社員との垣根を低くすることが、多月の次なるステップだった。

「コンビニ本部で働いていたことをサラッとお伝えしたあと、『そういえば先週、商品展示会がありましたよね』と、相手にとって旬な話題を続けると、『えっ、どうして知っているの？』と、私という人間に興味を持っていただけます。『展示会後のお忙しい中すみません。今日は、一分だけご挨拶させていただいても、よろしいでしょうか』と続けるんです」

こうして、最初は飛び込みをきっかけに、商談後、紹介を頂き、点→線→面へ直営店の開拓をしてきた多月。その視線の先にあるのは、直営店の本部社員とのつながりを生かした、フランチャイズ店への展開だ。人生の夢をかけて尽力しているオーナーさま方を、前職とは違う側面からサポートしていきたいと考えているのである。

一〇秒の会話に専門用語を二語入れる

フランチャイズ店への展開も果たした多月が、コンビニに続いて開拓したマーケットは、なんと消防署だった。いったいどんな理由で着目したのだろうか。

「家の近くにたまたまあったからなんですけど、その近さの他にも大きなメリットに気付いたんです。一般の会社員さんの場合、どう

◀営業カバンに入りきらない書類を持ち歩くためのビジネスキャリー。

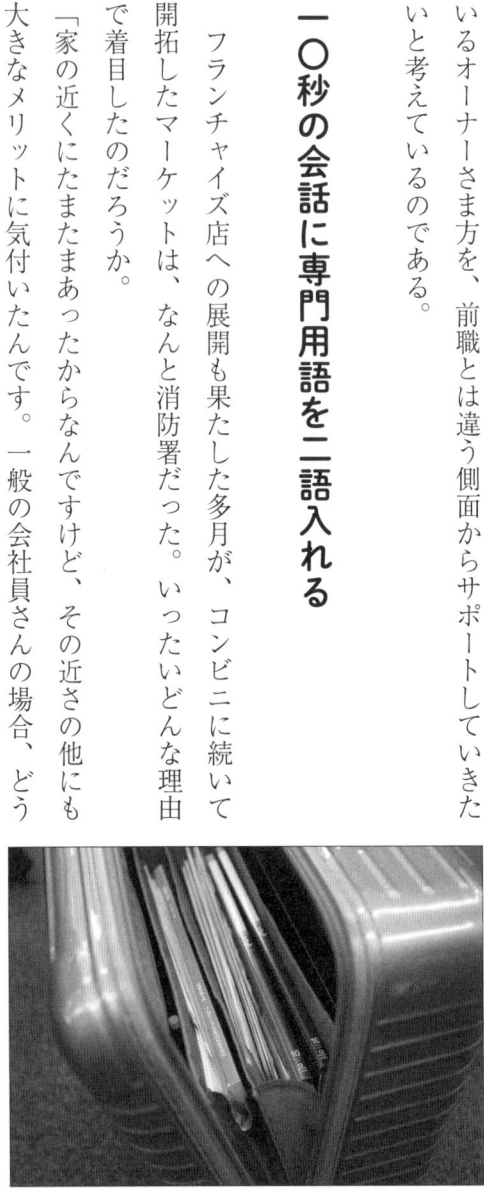

しても平日夜かお休みの土日にアポイントが集中しますよね。その点、消防署もコンビニも二四時間三六五日体制の職域なので、平日の昼間や、朝イチに商談ができたりします。この時間の自由度は、将来的に出産して育児をしながら仕事をするようになっても、活動しやすいポイントなんですよ」

消防署には多くのセールスが出入りしているが、一七五センチの長身・ボーイッシュな髪形・スカートではなくパンツスーツという多月は、それだけで目を引く。「なんか感じの違う人が来ているな、どこの誰だ？」と、署員たちのあいだで話題にのぼる、ということがセールスにとって追い風になった。

「最初は署長さんに挨拶もかねて、『署員のみなさんにお話をさせていただきたいので、その内容を一〇分くらい聞いてください』とお願いするんです。その話の中で『よう勉強しとんなあ』と言ってもらえるので、その言葉を署員の方にもお伝えするんです。『実は、署長さんにもお話を聞いてもらって、よく勉強して

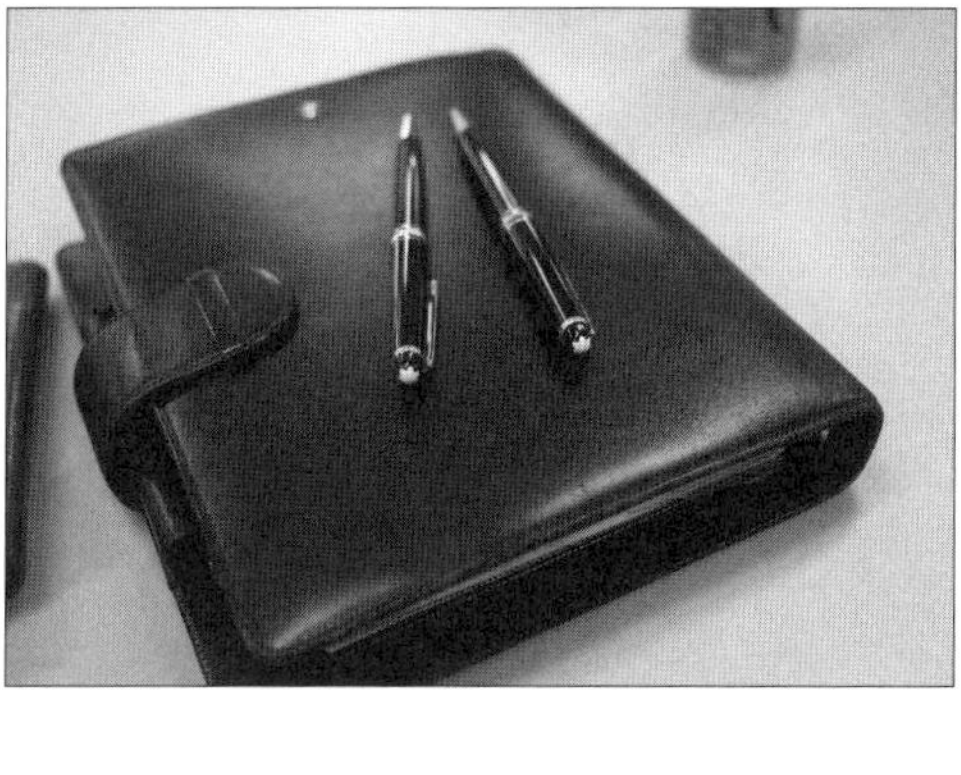

▶多月の大きな思いがいっぱいに詰まっている大判の分厚い手帳。

るなって言われたんですよ』って。そうすると『へえ、この人って、そうなんだ』と思っていただけるので、すかさず『こんど一五分だけお時間をいただけませんか。今月は一番ですか二番ですか?』と、勤務シフトの専門用語を入れます。最初の一〇秒の会話に相手が仕事で使う専門用語を二個くらい入れるだけで、『おや?』と関心を持ってくださって、一気に距離が縮まるんです」

使命感と感謝の思いが自らを高みへと導く

生命保険セールスの仕事を始めて約四年。多月には、いつしか湧き上がってきた確固としたミッションが二つあるという。

「会社に三〇〇〇人いるセールスの中で女性は約一割です。結婚していて子どもさんもいらっしゃって、かつ長く続けて、高成績を出されている……という人は、私の知っている限りではまだまだ少なく、壁にぶつかったりされています。そんな中で自分がパイオニア的な存在になって、道を切り拓いていきたい。それが、いま、いちばん強く思っていることです」

二つ目は、自分の中でコンプレックスに感じていたことだと多月は言う。

「マーケットゼロからでも、思い一つ、行動一つで、お客さまを増やしていくことができる。それを証明するのは私だからできることだと、勝手に使命感を抱いているんです。ここまで必死にやってきて、自分を少し認めてあげられるところにようやく手がかかった感じです。いま、こうして私が仕事をし続けられるのも、支えてくれる家族、この世界に導いてくれたマネージャー、そして、これまでの全ての出会いによる学びがあってこそです。

だから私も、保険という仕事を通じて、多くの人の、勇気や元気、心のスイッチを押し続けられるように、もっともっと、高い場所を目指し、成長し続けていきたいと思っています！」

No.04

すべてのご縁ある人々を「平ら」にするハガキ活用術

大塚伸宏

[千葉支社 1970年生まれ/前職:銀行]

大塚伸宏は二〇〇五年、一〇年間勤めた地方銀行を離れプルデンシャル生命に転職。前職では外部研修機関で学び、中小企業診断士資格を取得したり、アメリカ東海岸で最新のリテール金融、大手証券会社へ出向しM&Aを学ぶなど、特別なトレーニングの機会や仲間にも恵まれ、収入にも不満はなかったという。ではなぜ大塚は、リスクを負ってまで畑違いである生命保険の世界へとシフトチェンジしたのか。

大塚が銀行に勤めた理由は、信頼される安定した職業に就いて、弟の夢をサポートしたかったからだった。大塚の弟とは、大リーグで活躍しＷＢＣ初の優勝投手にもなった大塚晶文《あきのり》（晶則）さん（現役は引退）のことだ。

「こんどは兄貴の番だよ。そろそろ、自分の夢を追ってほしい」という一言が、以前から夢とロマンに満ちた仕事だと思っていたライフプランナーになることを決意させ、自らの意思で、プルデンシャル生命の門を叩いた。

大塚はどんなところに夢やロマンを感じたのか？　彼が語る言葉からはお客さま、仲間、そして家族との距離感が大きく関係していることが浮かびあがってくる。

出逢いに感謝し、ご縁のある人々の物心両面の幸福を追求するために

大塚は、年三回、一回に約八五〇〇枚、近況報告のハガキを送っている。契約保有世帯の約四〇〇〇世帯（二〇一四年時点）、名刺交換した方々、知人、友人、親戚兄弟、その全て、つまり、人生で縁がある人々。しかも、全く同一内容のオリジナルハガキだが、手書きの一言を添えて、心を込める。この仕組みには明確な目的がある。

「セールス活動をしていると、新規のお客さまにどうしても時間を割くことになります。時間は仕方ありませんが、意識まで既存のお客さまから離れるのは良くないと思っています。だから僕は、平等なコミュニケーションが保てるような、仕組みづくりを心がけているのです。その手段のひとつとして、全てのご縁のある人々に、感謝の気持ちを込めて、オリジナルハガキを送り続けることにしたのです」

全てのご縁のある人々を平等にすると同時に、長きにわたるお客さまとの付き合い方にも波をつくらないというのが理想だ、と大塚は続ける。

「初めてお会いした日だけではなく、数年後に保険の見直しなどで再会したときも、手厚いコミュニケーションができるようにしておきたいんです。たとえば『○○さん、五年前にこうおっしゃっていましたね』『えー!? 大塚さん、よく覚えていますね‼』なんて会話ができると素敵じゃないですか。『どうして覚えているのですか?』と尋ねられたお客さまには、『じつは……』と夕ネ明かしをしています。当時のやり取りを社内のシステムに記録して残していて、大切に保存しているだけなんです。そして、ハガキを書くことで心に記憶しているんです。自分は忘れやすいので」

ライバルはつねに自分自身、最善と改善を尽くす

さまざまなキャリアの転職者が活躍しているプルデンシャル生命において、「自分は凡人」だと大塚は遠慮がちに言う。「だからこそ

◀執務ブースには、弟の大リーグでの活躍を報じる新聞や、子供からの手紙などが張ってある。

伸びしろはいくらでもあるんだ」とポジティブに捉え、つねに自分を高めてきた。

「知識・技術は、時間とお金で買えます。セミナーに通ったり、読書を続けたり……。ただ学ぶのではなく、知る→わかる→行うというふうに先に進めるのが大切で、インプットをしたら、すぐに実践しなければ意味はありません。そうやって、見えないところで、思考力と実行力を意識的に体得しているセールスと、そうではないセールス。どちらをお客さまが選ぶのかは、明白です」

では、努力しているつもりでも自己成長につながらず、セールスが伸び悩んでいる人はどう考えれば良いのだろうか。

「その答えは人の数だけありますが、共通して言えるのは、相談する相手、選択する解決手段を間違っているケースが多いということです。相談しやすいといった安易な理由で、うまくいっていない者同士で傷を舐め合うことに終始していてはなんの解決にもなりません。問題解決というのは、桁違いに優秀な人とした方がよい。いまの自分では導き出せない、成功するための答えを持っている人のアドバイスこそが必要なのです。そもそも成功には原理原則があるのですから」

かくいう大塚も、入社二年目にして、全国一位を二年連続で記録した他支社の先輩に、思い切ってアポイントをとって会いに行ったことがある。その先輩は「ねえ、大塚さん。僕は、社内の順位という相対比較ではなく、昨年の自分よりどれだけ成長しているかを考えているんです」と教えてくれた。この言葉が大塚に、自己成長に限界はないことを気付かせてくれたという。

なんのために、誰のために、なぜ、この仕事をするのか

セールスへの確固たるスタイルとマインドを持っている大塚だが、弱気になることはないのだろうか。

「お客さまにとってみれば、セールスパーソンの気分なんてまったく関係のない話です。弱気うんぬんというのは、お客さまではなく、自分にフォーカスしてしまっている証拠。人間は習慣の産物。思考習慣と行動習慣が大切です。毎日、なにを考え、なにをしているか。そして、反省と改善を行い、ベストを尽くす。ただそれだけです」

その習慣とはとてもシンプルだ。毎朝、自分が掲げた目的と目標を声に出して読むだけ。大塚の人生理念、つまり目的とはこうだ。「人生そのものを愛し、感謝し、誠実なる日々の実践により、自分に縁ある人々の物心両面の幸福を追求すると同時に、人類社会の進歩発展に貢献する」。この目的を達成するために、バランスのとれた目標設定をし、計画し、日々の実践と改善を行う。そして、徹底的に成果にこだわる。

大塚はこう言い切る。「家族を幸せにし、日本を代表する超一流のライフプランナーになりたいんです。なぜかと言うと、僕はプルデンシャルが大好きなんです。創業者である坂口さんが生み出したライフプランナーが世の中に認められ、憧れの職業になったら最高ですよね」

では、家族とはどんな関わりを意識しているのだろうか。悩みはどう克服しているのか。

「仕事の悩みにクヨクヨしないで、今できることに集中するように

◀銀行時代の出向先である大手証券会社の経営役は大塚の師匠の一人。弟子である大塚の悩みに対して「プロの定義、在り方」などを記した1枚のFAX。宝物である。

心がけていますから、玄関を開けたら、妻や子供たちとのコミュニケーションを楽しむようにしています。朝は子供たちと散歩しながら、いろいろな話をします。いわばプライムタイムを生活の中に組み込んでおくわけです。仕事は気分でするものではないと私は考えます。ただし、人間としてより良い人生を送るためのモチベーションは必要です。それは、家族との生活や身近な人々との心ある関わりから生まれてくると思うのです」

No.05

「勝手にロック・オン」で自分の市場を拡大

佐々木剛

[千代田第四支社 1968年生まれ/前職:不動産業]

佐々木剛は、ライフプランナーとして五年目の頃から法人マーケットを開拓し始め、現在では約八〇社から、大小さまざまな契約を預かっている。佐々木が法人マーケットの道に進んだのは、なんとも意外な理由からだった。

「じつは僕、身体がすごく硬くて、あぐらがかけなかったんです。お客さまのご自宅を訪ねて和室なんかに通されると、ちょっと憂鬱で（笑）。オマケに当時は動物も苦手。玄関の前で、『今日はソファーか椅子で商談だったらいいな、犬や猫がいないといいな』って。あるとき、『オレ、なんでこんな心配ばかりしているのだろう。椅子に座れて犬もいないところ……そうだ、社長室で商談をすればいいんだ！』と。そんなつもりじゃなかったのですが、結果的にはそれが個人から法人へのマーケットチェンジを意識した、きっかけの一つなんです（笑）」

こうして法人マーケットへと進んだ佐々木だったが、顧客からある言葉をもらったのを境に加速度的に不動産業界の顧客を増やしていくこととなる。マーケット開拓をしていく中で、佐々木が大切にしている、顧客に対する考え方を聞いた。

得意分野を見極め、どうすれば顧客の役に立てるかを考える

佐々木が契約を任せてもらった法人顧客約八〇社のうち約七割は、前職でもある不

動産・建設関係の会社が占めている。

「マーケットに関して言うと、一つの業界に偏るのはリスクがあります。実際にリーマンショックが不動産業界を襲って、その業界にお客さまの多い僕自身も大きな打撃を受けました。やっぱり、偏りすぎていたのを見直さないといけない。そう思っていたときに、ある不動産会社の社長から言われたんです。『佐々木さんに勧められた通りに保険に加入しておいてホント良かった。あの保険があったから、会社が潰れなくてすんだ。こういう保険の使い方を知らない経営者はまだまだたくさんいるから、もっと自信を持って、どんどん営業すればいいよ』って」

それまでの佐々木は、法人マーケットでやっていく確信が持てずにいた。自信のなさや、断られたら嫌だなという気持ちが先行して、紹介してもらった見込み客に電話することすら苦手だったのである。

「その社長の言葉で僕の人生の流れが変わりました。二〇億円とか三〇億円規模の会社の借り入れを当たり前に個人保証している人たちがどういう緊張感で、どんな問題を抱えながら商売をしているのか？　前職のときにも増して、肌感覚でわかるようになっていきました。よく考えたら、自分は不動産業界について、もっとも理解している保険屋かもしれない。もうどっぷりハマろう、保険の使い方をまだ理解していない方にきちんと伝えていこう。不動産業界のマーケットの比率を高めるつもりはなかったのですが、その覚悟が後のキャリアに大きく影響したのです」

まだ見ぬ顧客への意識がセールスの腕を磨く

佐々木は、応援してくれる数名の経営者から、「知り合いの社長に剛さんのこと話してあるから、こんど一緒にゴルフ行きましょうか」と、商談のきっかけをつくってもらえることも多い。そんなつながりに感謝すると同時に、危機感も抱いている。

「確率の高いご紹介案件だけで動いていると、セールスのスキルが

◀この仕事を始めてから時間に対する考え方が変わった」と言う佐々木。時給ならぬアポイント給を割り出し、時折わいてくる「サボリゴコロ」でムダな時間を使いそうな自分に、ブレーキをかけている。

間違いなく落ちていきます。僕なんかよりも、見込み客発見を頑張って商談を数多くやっている若手の方が、セールスパーソンとしてのスキルはあるのではないかなと思います。でも、いまから若手のような活動を初心に返って再び始めれば、僕にはストレスになってしまう。そこで思いついたのが勝手にロック・オン！です」

日本を代表する経営者や、著名人・有名人など、自分とはまったくつながりのない遠い人に狙いを定め（ロック・オン）、あらゆるツテをたどって会いに行くという手法だ。実現性が高いとは言えないが、なんと、何人かとは実際に食事をする機会を得たり、名刺交換・商談にまで至ったというのだ。

「勝手にロック・オンしたからにはあらゆる手段を使って面談のアポイントを取る努力をします。本気で思えば、有名人ですら、会うためのツテは見つかるものです。そして会えたからにはいただいた名刺をたまに眺めたりしながら、どんな提案をしたら驚いていただけるのか、と考え

▶天然石や植物など自分の好きなものに囲まれた広々とした執務ブース。気心の知れた仲間にも恵まれていることに感謝しつつも、そんな環境に慣れてしまう危機意識も佐々木は忘れない。

る。そのたびにドキドキと新鮮な気持ちでいられるし、それを意識すればこそ、セールスの腕が錆びないように磨かなければと思えます。この前はやっとお会いできたと思ったらいきなり商談のアポイントがいただけて、『そんなに早く実現できると思っていなかったのに……』と、慌てて準備したこともありました（笑）。本気で思えば叶うってことをつくづく感じましたね」

小さな約束を世間話で終わらせない

応援してくれる顧客との関係をなによりも大切にしている佐々木は、なにげない世間話の中で、最近読んだ本の話や話題のお店の話が出てくると、そんな些細な会話も、おざなりにしないと言う。

「『本屋で見つけたら送っておきますよ』『調べてURL送りますね』といった、軽く交わされる会話ってよくありますよね。たぶんお客さまの一〇人中九人までは世間話という認識で、実行されるとは思っていません。でも、それはそれで約束だと思うのです。だからきちんと守る。しかも翌日や翌々日に届いたりすると、ちょっと感動すると思うんです。僕自身、『そんなつもりじゃなかったのに、ホントに送ってきてくれたよ！』という経験がありました。そのときにそれまでの自分を反省して、実行してみようと思ったのがきっかけです」

小さな約束は忘れないうちに会社のアドレスに携帯でメールをして、自分でその日のうちに調べたり、アシスタントに対応をお願いしているそうだ。

「ちょうど今日も、話題に出た本をお送りしたところです。別にそれをしたからといってすぐに仕事につながるわけではありませんけど、『小さいことでも、言ったことをちゃんと守るヤツだな』と思われていたいですしね。なによりもこの仕事は、『じゃあこんど紹介するよ』『え、ホントですか。是非お願いします』といった会話の中で交わされる小さな約束を、お客さまに実行していただくことから成り立っているものですから。でも、この話を家族が聞いたら、きっと怒りますね。『家では小さなことをなにも守ってくれてない！』って（笑）」

No.06

もし、ライフプランナーがドラッカーを読んだら？

高塚伸志は一九九四年、医薬品会社の営業職からライフプランナーへと転身した。入社一八年目には、生命保険業界の優績者が集まるＭＤＲＴ※全会員の中でも、基準を満たす人は数％しかいないＴＯＴ会員（Top of the Table）に名を連ねている。

高塚伸志

[札幌支社 1963年生まれ／前職：医薬品メーカー]

※MDRT (Million Dollar Round Table)とは、世界71の国と地域、約42,000名（2014年8月現在）の会員を有する、卓越した生命保険と金融サービスの専門家による国際的かつ独立した組織です。
※当社は837人（2014年3月）が有資格者です。

高塚には社会人入学した大学院で、本格的にドラッカーの原理原則を学んだ経験がある。それを追求し続けることが、セールスにおいても大きな成果につながるとの思いで仕事に取り組み、結果としてTOT会員として名を連ねることになった。ドラッカーの理論を身をもって証明したのだ。

高塚もかつては計画も検証もなく、ただ行き当たりばったりにいろいろなことに手を出しては、結果が出る前に諦めて放り出してしまうという空回りの連続だった。ドラッカーと出会い、試行錯誤を重ねることによって、ある専門分野を確立するようになったのである。

こうして成績を挙げる高塚の軌跡は、きっかけを模索するセールスパーソンにとって、一つのヒントになるだろう。

「まず廃棄せよ」――それなくして新しいことは始められない

高塚が心酔するドラッカーは、まず廃棄せよと言う。それなくして新しいことは始められないからだ。高塚は、まずは土日のゴルフを廃棄した。

「いま思えば、情けない話です。入社四年目でしたか、親しい社長に『紹介したい人がいるからゴルフに行かないか？』と誘われるがまま、いつ名刺交換があっても良いようにポケットを名刺入れで膨らませてプレーするわけです。でも、なかなか紹介してくれません。ラウンドが終わり、食事のときこそと期待するんですけど、気が弱くて僕からは言えず、そこでも紹介されない。『そうか、風呂だな』と気を取り直して、バスタオルの下に名刺入れを忍ばせて入浴しますが、なにもないまま『じゃあ、またね』と言われて、おしまい」

保険を売ることに貪欲だったともいえるが、要は紹介を乞うように待っているだけ。当時はそれくらい自分が小さかったと、高塚は振り返る。

「しばらくあとの日曜日の夕方、クルマでの帰り道に、子供が楽しそうにしている家族が目に入るわけです。僕はといえば、下心いっぱいのゴルフに一日費やして、なんの成果も挙げられない。子供やカミさんも可哀想じゃないですか。自分が情けなくて、涙が出そうになっちゃいましたね」

と。

「どうしてだろう?」と思ったときに、高塚は気付いた。「自分に力がないからだ」

「僕に力があれば、ゴルフやお酒に頼ることなく、堂々とウィークデーの昼間にご紹介者にお会いしたり、週末には自分の子供たちとも遊んだりしてあげられる。それで家に帰ってカミさんに宣言しました。『もう俺は土日のゴルフはやらない』『いいの?』『やめた』と。どうしたら成長できるのかはさておき、まずは悪習を絶つことにしたわけです」

翌週、「紹介するからゴルフ行くぞ」と、また誘いが来た。高塚は勇気を振り絞り、「社長、行けません」と断ったのだ。「え? なにかあるのか」「いえ、なにもありません」「ごまかすな、どうしたんだ」と訊く社長に、高塚は事情を説明した。怒鳴られるのは覚悟の上だ。

「少し間があってから、奇跡が起きました。社長が『偉いっ、キミは』と言うんです。『は?』『じつは俺はそれで後悔している。子供が小さいときにずっとゴルフをやっていたことをいまだに責められる。自分の汚点だ。だが、キミは素晴らしい。いままで本当に申し訳ない』と。それから、『彼は偉い男なんだ、応援してやってくれ』と、一気に紹介が増えたのです。自分を隠して、嘘を言って人と付き合ってはダメ。自分の中の不要なものを廃棄して自分軸をつくっていけば、ちゃんとお互いに共鳴し合う人たちと生きていくことができるのだなと。これは大きな転機となりました」

とにかく自分にできることを継続する

「BS」や「PL」といった会計・財務用語すら知らない状態から、経営者の集まる勉強会にいくつも参加してきた高塚。「恥をかこうとも、自分にできるのは通い続けることだ!」と、継続にこだわってきた。そうした中、一五年前、人生の師と呼べる人に出会うことになった。

「その先生が札幌で経営者向けのセミナーを開催したとき、僕は一聴講生にすぎませんでした。とにかく感動したんですよ。人生が変わる予感がありました。どうしてもお話をしたくて、ロビーで主催者の皆さんが出てくるのを待ち続けたのです。たまたま先生と親しくしている方から『これからススキノで先生を囲んで懇親会をする』と聞いた僕は、反射的に『連れて行ってください！』と口にしていました。相手の方も一瞬びっくりしてましたね。でも、人生でいちばん自分を褒めたいことがあるとすれば、この瞬間です。しかし、懇親会では先生と一言もしゃべれませんでした。札幌財界の名士など錚々《そうそう》たる顔ぶれで、話題にもついていけない。鮨屋の隅っこでポツンと一人、『これで僕の人生終わっちゃったの?』と思えたほどです」

その翌日、しょげていた高塚に先生からの電話が鳴った。「いまKホテルにいるけど、君の名刺を見たら目の前のビルだ。昨日会いに来てくれたのにあまり話ができないで失礼したから、もし君がいればお茶でも飲めないかと思って電話したんだ」と誘ってくれたのだ。

「先生は遥か目上の方なのに、僕みたいな若輩者を気にかけて連絡してくださった。たった一本の電話が僕の人生を変えたわけなんで

▶「ルート66を走る」30年来の夢をかなえた記念品が執務ブースに飾られている。

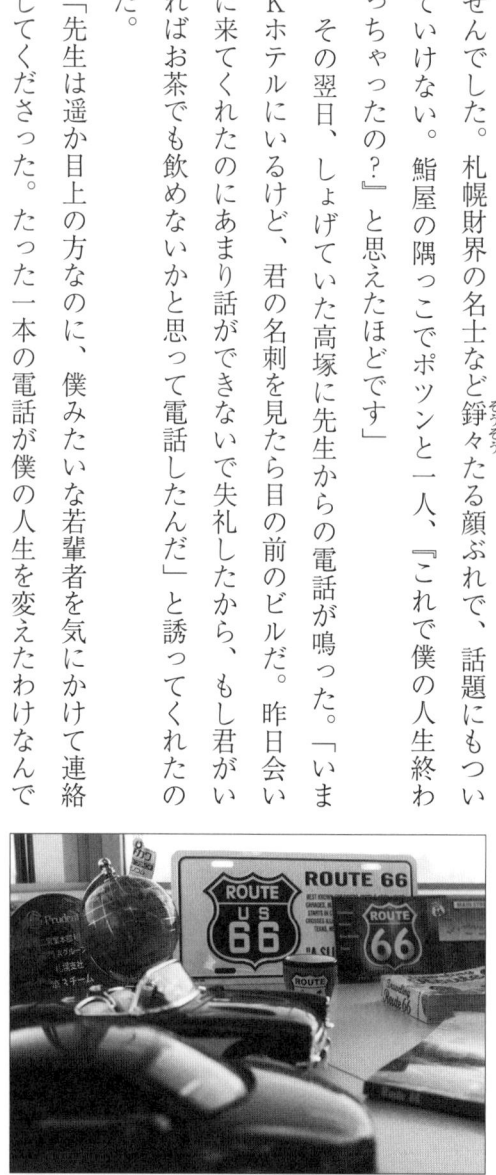

す。それから毎月、東京の勉強会に参加して、勝手に弟子入り状態で懇意にしていただいたことで、どれだけ成長できたかわかりません」

その後、高塚が事業承継に活動を特化させたのも、この先生とのやりとりがきっかけだった。

「先生に『マーケティングとはなんですか』と尋ねたら『誰になにをどのように売るか、ということだよ。業種に特化するか、もしくはソリューションで絞りなさい』と。そのときのひらめきで、『先生、僕は事業承継に特化したい』と言いました。すると先生が『君には合っているな』と。

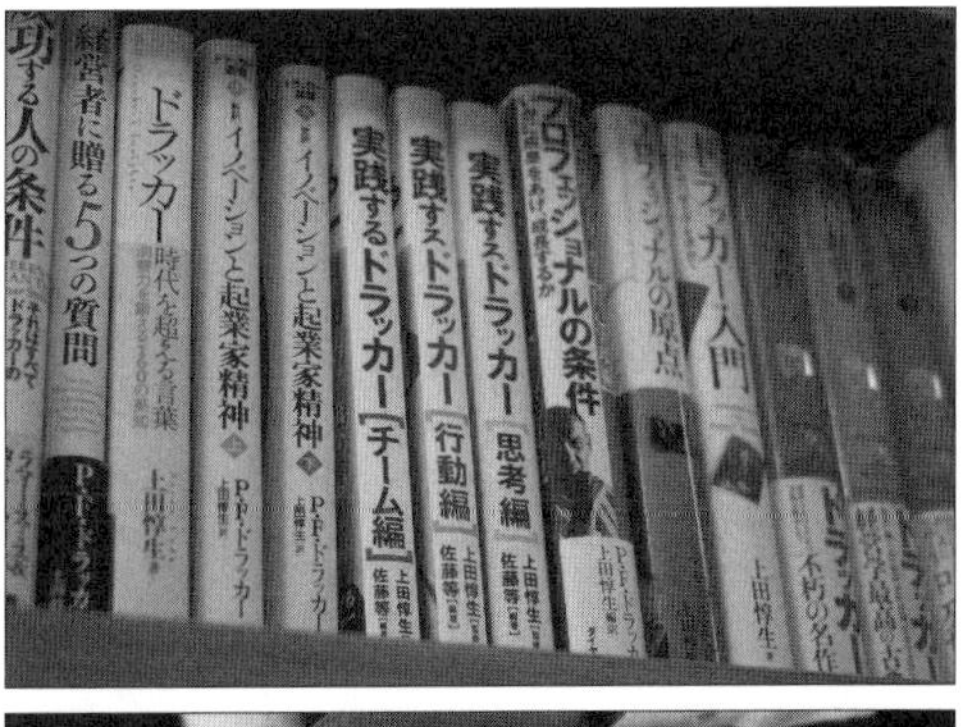

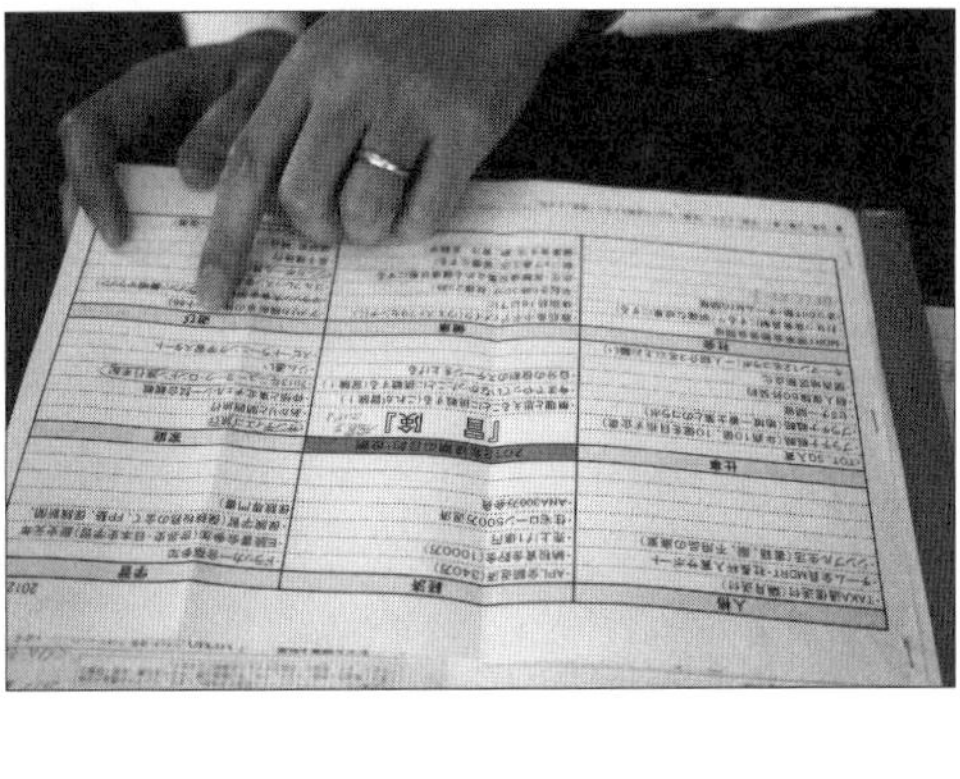

▶執務ブース内の本棚には、ドラッカー関連の書籍がぎっしり。
▲スケジュール帳なども使い、忙しい時間を計画的に管理して、東京の勉強会に通い続けている高塚。マーケティングは〈恋愛型から絆型へ〉。恋愛は冷めるけれど、親子の絆は切れない。これも、弟子入りした先生からの教えだ。ビジネスでいうなら、師弟や仲間・同志の絆は切れない。契約のときだけ恋愛のように燃え上がってもダメで、長く続けていかないと意味がない。生命保険営業も、「絆」型にしていかなければならないと高塚は考えている。

『君は経営者の懐に入っていったり、信頼を得たりするのが得意だ。僕のところに飛び込んできて、毎月、東京まで勉強に来ているのもそうだ。経営者は皆、本音を誰にもしゃべらない。君はそれを聞き出すのが得意だろ』『得意かわかりませんが好きです』『それがいちばんなんだ。数字の話は二の次、本音を聞き出さなければ始まらないが、誰でもできるものではない。君の保険で役立てることを、それをまだ知らない世の人に教えてあげなさい』と。そこから徹底的に勉強して、いまの僕があるんです」

第二章

「圧倒的な情熱」で勝つ

No.07

自然にゴール達成できる願望マネジメントとは

山内誠治

[麹町支社 1968年生まれ/前職：銀行]

山内誠治は、都市銀行から二〇〇一年に転職して以来、つねに高い業績をキープしてきた。個人保険部門の年間一位（約三〇〇〇人中のトップ）を二度記録し、七年目にはエグゼクティブ・ライフプランナーという上級セールス職に認定。ところが、順調に走ってきた山内に、思わぬ落とし穴が待っていた。

社内の目標を達成した途端に、パッションダウンに陥ってしまい、「自分は今後、なにを目標にすればいいのだろう」と悩み、仕事に身が入らなくなってしまったのだ。そんなときに、あるセミナーで人生理念、人生ビジョンという考え方と出会い「どんな人間になり、どんな人生を送りたいのか」という、人生の目的に目を向けることの大切さに気付かされた。

それまでは目先の目標ばかりを追っていたが、日々のセルフカウンセリングを繰り返すことで、長期的なゴールが徐々に定まってきたという。そして、より大きなビジョンを描くことで新しい活力が生まれ、それが実績にも結びついていった。山内の自己活性化の手法は、日々の仕事にどう生かされたのだろうか。

明確なビジョンをつくって紙に書き、毎日かならず見る

山内は、ビジネスパーソン向けの研修にスピーカーとして招かれることも少なくな

い。そうした場で、若手ビジネスパーソンにこう伝えている。「成功したければ、卓越した成果を示して、会社にとってなくてはならない存在になれ」。そのゴールに到達するにはどうしたらよいのか。

「私は、自分の明確なビジョンをつくって紙に書き出し、毎日かならず見ています。毎日繰り返し目にすることで願望の中にそれが入り込んでいく。するとあとは勝手に前に進んでいくようになるんです。そうなるために欠かせないのは、適正な目標設定です。あまりに自分の現実とギャップがあると、深層心理で自分にできると思えないからです」

セールスパーソンにとっての目標は、明確な数字がいいという山内。「でも……」と続けたのは、次のような考え方だ。

「最近は、目標がない人が多いと思います。最初はみんな設定するんですよ。でも、できなかったときに痛みがあるから、次第に諦めるようになり、やがて目標をつくらなくなってしまう。そうならないためにも、そのさらに先にある人生の目的づくりが必要だと感じています」

お客さまの〈願望〉をかなえる

前職の銀行時代も含め、若い頃から比較的業績は良かったという山内が結果を出し続けている秘訣はいったいなんなのだろうか？
「はっきりはわかりませんけど、『成果を挙げたい』という思いを、他の人より強く持っているからではないでしょうか。なんとなく過ごして肩身の狭い思いをするよりは、どんなに忙しくても胸を張って過ごしていたい。きっと、人から認められたいという願望が強いのだと思います」

山内が学んでいる選択理論心理学によると、人は生まれながらに持つ基本的欲求を満たすためにすべての行動を選択しており、その欲求を満たすものを願望と呼ぶそうだ。セールスの場面でも山内は相手の願望に目を向けている。

◀手帳やカードケースなどの持ち物のカラーには、強いこだわりを持っているという山内。

「たとえば法人の社長さんに、『いっさいの制約がないとしたら、将来なにをしたいですか?』と尋ねてみます。すると『早くリタイヤしてハワイで暮らしたい』『クルーザーに乗って子供と世界一周して旅行記を出版したい』とおっしゃったりします。それをかなえるために、必要な額や、海外暮らしのために貯めておく通貨をアドバイスしたり、お子さんが成人になったときに願望をかなえるだけのお金が残せる保険の設計をご提案したり……。そんなふうに成約に至ることもあります。自分の仕事や人脈を通じて、どうしたらお客さまの願望を実現するためのお手伝いができるのかを考えることが、とても大事だと思うんです。」

〈願望〉の実現から逆算して、すべての行動を考える

山内は新人時代からいまに至るまで、支社の中でも朝いちばん早く出社してい

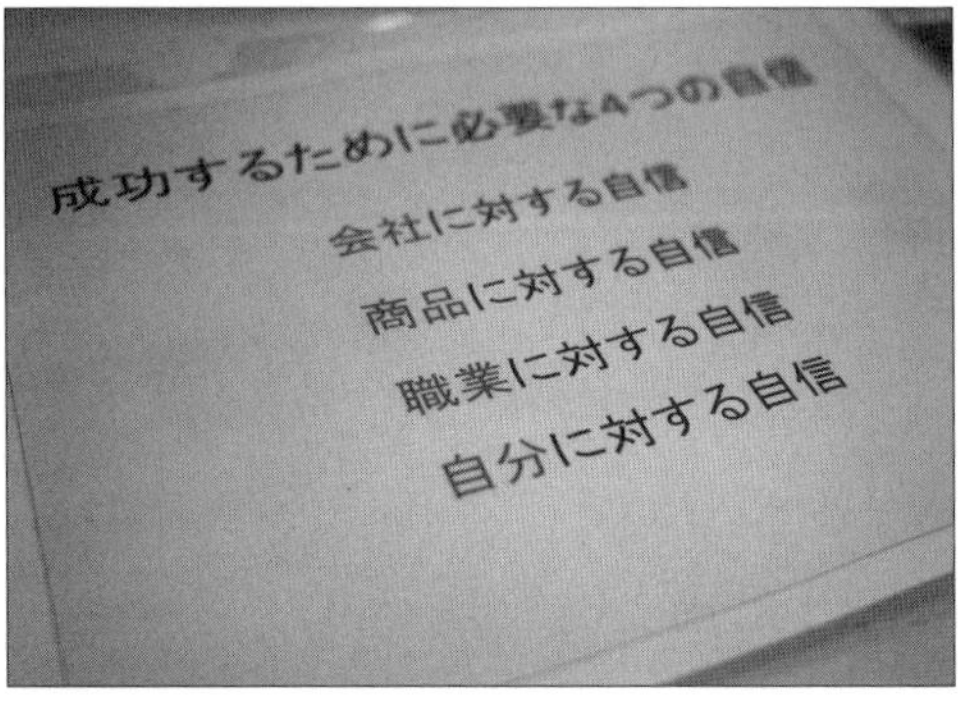

▶あるセミナーで出会った「成功するために必要な4つの自信」。

る。その理由について聞いてみた。

「セールスの仕事は、朝型のほうがいいと思うのです。私は車通勤なので道路が空いている朝は移動時間も短くて済みます。会社には誰もいませんから提案書を印刷するプリンターも使い放題。メリットはたくさんあります。みんなが来る頃には準備が終わって出かけますので、スタートから違ってくる気がします」

朝七時からの異業種交流会の日には、五時には起きるという。後輩から薦められた、レム睡眠の浅いときに起こしてくれる目覚ましも活用しているそうだ。

「環境づくりはとても大事です。意思と願望があると、願望のほうが強くて意思は弱い。こうせねばならないというのは弱いんですよ。ですから、願望を勝たせていくように自分をマネジメントしています。僕だって冬の朝のまだ暗いときは、だるいですから、寝ていたい。でも自分にムチを打てないので、二四時間風呂を買いました。冬でも、すぐに熱い朝風呂に入りたいという願望を利用して、早起きしているわけです（笑）」

No.08

初対面の人がフレンドリーでなくても、ひるまないコツ

神山英一

[岐阜支社 1957年生まれ／前職：アパレル製造業]

神山《こうやま》英一はアパレルメーカーを経て、三七歳でライフプランナーに転身した。なんの縁もなかったドクターマーケットを開拓し、いまでは約七〇名の医師から、契約を預かっている。

転職後、前職で培ったマーケティング感覚を生かし、「どのような医師がいて、どんなことを求めているのか」にアンテナを張り、「自分はなにを提供できるのかを必死で考えています」と語る神山は、「相手を思う誠意と情熱は恋愛と同じかもしれない」とつぶやく。

漠然としたセールス活動ではなく、狙いを絞り込んだ上で戦略的に活動し、新規開拓を進めていく。そして、その先にある新たなマーケットにもズンズンと攻め入るパワフルさが、神山のセールス道の基本だ。ドクターマーケットに飛び込み、信頼を得て、顧客を次々に紹介されるまでに根を下ろした神山の仕事ぶりを見ていこう。

相手の社会的地位ではなく、一人の人間を見ること

もともと、歯科医の友人が一人いただけにすぎない神山は、その友人の紹介で知り合った数人の医師からドクターマーケットを拡大していこうと、一つのアクションを

起こした。

「まずはドクターの集まる場所に行こう！　ということで、地元の大学の医学部と歯学部に、毎週水・金の一一時に通うことにしたのです。ノー・アポイントで、お昼休みに外へ出てくる知り合いの医師を、医局前で待ち伏せしました（笑）。一緒にいる先生を紹介していただいたり、顔を覚えていただいた周囲の先生に声をかけたり。結果は、あっけないほど早く出ました。二か月目から商談が入り始め、四か月もすると医局中の先生を一巡してしまったのです」

そこからまた新たな紹介をもらいながらマーケットをどんどん広げていった。ときどき、医師たちから「えっ、あの先生もお客さまになったの？　彼は保険でもクルマでも、とにかくセールス嫌いで有名だから、相当ハードルが高かったんじゃない？」と言われることもあるそうだ。

「初対面の人のすべてがフレンドリーなわけなどありません。僕も最初はコワイなと思う人はいます。でも、何度もお会いしてお話を聴いているうちに気付くのです。『この人は立派な医師とか経営者であると同時に、ごくごく普通の家族思いのお父さんであり夫なのだ』と。その瞬間、会話していた空間がそのまま、僕らライフプランナーのフィールドの中に、どっぷり入り込んでくる。そうなると、ひるむことはありません。僕で言えば生命保険の素晴らしさ、生命保険でその人になにができるかを、自信を持ってお伝えすればいいだけのことなんです」

まずは惚れ込める「最初の一人」を見つけることから

あるとき、世界的に活動している異業種交流会に入会できた神山。名士揃いという独特の雰囲気にのまれながらも、一つの目標を自分に課した。

この会の中でいちばん元気のいい人と、かならず仲良くなると決めたのだ。

◀執務ブースのいちばん高い場所に置いてある色紙は、自身で書いたもの。多くのお客さまとの縁は、行動をしているからこそ、偶然の出会いが必然の幸運を呼び込んだ、いわゆる〈セレンディピティ〉かも。

「この人だ！　と感じたのは、僕より少し年上の、惚れ惚れするくらい豪放な方でした。ゴルフにハマっていると聞いた僕は、毎週水曜日の午前中をレッスンにあてて腕を磨きました。すると、半年後のゴルフコンペで、ハンディ付きですが、初参加の僕が優勝してしまったんです。それがきっかけで声をかけられて、三〇代半ばの息子さんも含めて家族ぐるみでお付き合いするようになりました。会社に呼ばれ、『保険を全部任せたい』とおっしゃっていただいたのは、初対面から三年後のことです」

神山はご契約を預かっただけではない。その人は偶然（必然？）にも、調剤薬局チェーンの経営者だった。診療所の開業情報を持っているのはもちろん、元・製薬会社の営業出身だったので、県内のほとんどの医師を知っているほどの顔利き。神山がドクターマーケットを拡大する上で、願ってもない出会いとなったのである。

「人生の流れに逆らわず、これから自分が拡大していくマーケットはドクターと薬局の二本柱でいくんだ！　と決めました。慢性的に不足している薬剤師さんを探して見つけ出せば、生命保険のご提案ができるのはもちろん、調剤薬局の人材確保や地域医療のお役にも立てると思うんです。ワクワクするような新たな目標ができたので、支社の若手たちにも堂々と言えるようになりました。『まずは惚れ抜ける相手を見つけなさい。その上で、デートのプランを立てるように、いつまでになにをやるかを決めたら、がむしゃらに熱意をぶつけて活動するのが大事なんだ』って」

Win&Win&Win の関係を目指す

アパレル業界出身だけあって、堅すぎずゆるすぎないファッションで自己演出をしている神山。しかし、もっとも気を遣うべきは服装ではないという。

「一般的な家庭では、財布のひもは奥さまが握っていますよ。奥さまに少しでも不快な印象を与えたら、旦那さまとどんなに良い関係であっても、ご契約をお預かりすることはできません。身だしなみに寸分の隙でもあれば、セールスとして失格です。頭や肩にフケは付いていないか。鼻毛が伸びたりしていないか。口臭はないか。うちでは毎朝、妻が女性代表として、頭のてっぺんから足の先までチェックしてくれます。ライフプランナーになってから一七年、いちども欠かしたことはありません」

神山が読んだ本によると、相手を好意的に捉えるかどうかという判断の比重は、全体的な第一印象が五五％、話し方が三八％と第一印象の比重が高く、そして、九三％の人が歯の白い人に対して好印象を持つという。

「幸いなことに僕には歯科医のお客さまがたくさんいますから、しょっちゅうクリーニングや検診をしてもらっています。僕のピッカピカの歯を見て興味を持った人にクリーニングのことを紹介することで、その人も歯科医さんも僕も、みんなにメリットが生まれます。あとは、喉が弱いので、耳鼻科医のお客さまのところに定期的に通って、診てもらうという名目でセールス活動に行ったり（笑）。いつも健康管理ができて、お会いする皆さんに好印象を持っていただくこともできる。なにより、体調に不安を感じている方には、ドクターをご紹介できる。お客さまの健康管理にも役立っています」

顧客のためにできることを極める

数年前のある日、契約者の医師から神山に、「加入している生命保険を変更できないか」という電話があった。筋肉が萎縮していく難病にかかり、仕事への復帰がかなわなくなってしまったのである。残り二年間で契約自体の保障がなくなるという契約内容だった。それなら、高度障害保険金として、いま支払いができないかと神山は考えた。しかし、医師はあきらめムードで、乗り気ではなかった。

「手続きのためには診断書が必要なのですが、この病気の場合は、クルマで一時間かかる専門施設での検査が必要だったり、書類を揃えるだけでも二か月がかりだったりと、とてもご負担が大きいのです。ご主人の診療所をきりもりすることになった奥さまも、診査には二の足を踏まれていました」

粘り強く説得を続けた神山のもとに、検査書類が届いたのは数か月後のこと。早速、本社支払い査定チームへと送り、どうすれば高度障害保険金を支払えるか一緒に考えた。

◀十数年前に契約者の娘さんからいただいた絵。「右側の『おじさん』が僕なんです（笑）。その子もいまでは大学生になって海外留学しています。私の大切な思い出です」

「その二日後、本社の担当者から私の携帯に連絡が入りました。『神山さん、保険金は出ます！』。早速そのことを先生にメールで伝えたら、ほとんど動かなくなった指で『ありがとう、ありがとう、ありがとう』と打った返信を届けてくださいました」

神山の行動は、ここで終わりではない。ほかに契約している他社からも、保険金が出るのではないかと考えたのだ。

「僕の知り合いの保険代理店に手順を確認し、奥さまから保険会社に診断書など必要書類を提出していただきました。すると、保険金が支払われたのです。僕がきっかけで他の保険会社からの支払いにつながったことは、じつは何度もありまして、これは僕の保険屋としての自慢です。自分の会社と仕事、そして生命保険というものに自信を持っているからこそ、とれる行動だと思っています」

いまも歯科医師を続けている奥さまはつい最近、医大を卒業した息子と神山を引き合わせて、こう言ったという。

「あなたの学資は、この方の保険のおかげで出たのよ」

No.09

障がいを持つ少女が教えてくれた目標を持つことの大切さ

別所 健

[神戸支社 1963年生まれ／前職：証券]

別所健は、大手証券会社のセールスパーソンとしてバブルの絶頂期に社会に放り込まれ、一日四〇〇件・月間一万件の飛び込みノルマを愚直にこなしてトップセールスに。しかし五年目を迎えた頃、仕事のスタンスに疑問を感じたほかの若手社員たちと一緒に、その名も維新の会なる勉強会を開始。仲間の一人がプルデンシャル生命に転職したのがきっかけで、自身もライフプランナーの道を歩き始めた。

小学校の教師をめざしていた学生時代から真剣にボランティア活動に取り組んでいた別所は、「株だ、土地だ、カネだ」という儲け至上の風潮にはついていけず、企業理念や家族の絆というものに飢えていたのかもしれない。「プルデンシャル生命が掲げるライフプランナーが日本の生命保険を変えるという企業理念は、渇いていた心にスーッと染み入ってきました」という。

プルデンシャル生命に転職して三年目、別所の所属する神戸支社が阪神・淡路大震災に遭った。ほんの一時期大阪に避難していたものの、偶然通りかかったトラックの荷台に乗せてもらうなど、仲間と一緒にあらゆる手段を使って神戸へと戻り、一件一件の契約者の安否を確かめて回り、全契約者の無事を確認した。二〇一一年の東日本大震災後には、理事をつとめる業界団体ＪＡＩＦＡ（公益社団法人生命保険ファイナンシャルアドバイザー協会）の被災地支援活動を社会貢献委員長として牽引。「かつて神戸復興で多くの人たちに支えられた恩返しを」との一念で活動した。被災と支援という形で二つの大災害に関わった別所は、仕事観も大きく変わったと語る。

現役のセールスパーソンとしてセールス活動をやりぬき、ＪＡＩＦＡを通しての社会的貢献にも骨身を惜しまずに働く別所のメンタリティはどのようにして磨かれ、多くの壁を乗り越えさせていったのか。

目標をやりきれると信じることが持つチカラ

学生時代にＹＭＣＡでボランティア活動とスイミングスクールのコーチをしていたとき、別所は一人の少女と出会った。その少女は、脳性麻痺で筋肉が弱ってくるため、プールでリハビリをしていた。本格的な選手養成コースで練習する小中学生たちを見て「私も水泳の選手になれますか?」と尋ねた少女。「大丈夫！　オレが教えてあげるから」と別所は答え、特別扱いすることなく、健常者と同じように厳しく指導。そんな経験は初めてだった少女は、懸命に頑張った。やがて、二五メートルプール六〇

○○往復・延べ三○○○キロメートルの練習を経て、二年後に国体出場を果たしたのである。
「そのあとに彼女は、『パラリンピックに出たい』と言い出しまして、さすがにそれは難しいかなと思いました。でも僕は『大丈夫！』と言ったんですよ。しばらくして『おかげさまで候補になれました』という電話が入って、なんとソウルパラリンピックで大地選手と同じプールの同じコースで金メダルをとったのです。当時、証券会社に就職して一年目で、数字を追い続けるだけの毎日に嫌気がさしていた僕は気合を入れ直しました。彼女は僕に、目標を持つことの大切さを教えくれたのです」

その後、別所は証券マンからライフプランナーへと転身。しかし、成功の目安とされる、毎週三件の契約を預かり続けるという目標がだんだん負担になってきた。ついに、週の目標を達成できないまま迎えた日曜日の夜のこと。

「もう目標なんてどうでもいい」

そう思いながら、なにげなくつけたテレビの情報番組に、彼女が出ているではないか。水泳選手として目標を達成した彼女は、こんどは富士山登頂に挑戦していたのだ。

三十数時間かけて、ボランティアの助けも借りて、酸欠状態をおして山頂へと辿り着き、朝日を見ながら涙を流す。その彼女の映像が、別所の目の前に映し出された。

「僕はいてもたってもいられなくなって、日曜の夜一二時でしたけど、以前からアプローチしていた飲食店に電話しました。閉店後のほうが都合が良いと聞いていたので、『これから行ってもいいですか』と。お店に向かう途中、ずっと思っていました。あいつはスゴイ！　それなのに、自分はなにをやっているのだ、恥ずかしい。『大丈夫！　大丈夫！』なんて目標を与えた自分がへこたれていたらいけないよなって。それで、夜中にご契約をお預かりできた。僕は週三件の目標をその後も達成し続けましたが、それは彼女のおかげだったんです」

▶駆け出しのころにやりきった自信が、その後の別所を支えている。

心が折れても原点に戻れば前に進める

別所は数年前からＪＡＩＦＡの活動に携わっている。設立五〇周年という節目の年には、公益法人の認可を内閣府から得るための事業の企画や、東日本大震災の被災地への支援活動、そしてハートフルファンデーションという被災者支援基金の設立を準備委員長としてとりまとめるなど、さまざまな任務が一度に重なってきた。

「基金の設立は初めてのことでした。全国からさまざまな意見が出て現場はかなり混乱していました。納得するまでとことん議論を尽くして進めようとしましたが、理事会も混乱してなかなか思うように前に進みませんでした。そんなとき、なぜこの基金を設立しようと行動したのか原点に戻って考えるようにしたら、少しずつ勇気が湧いてきて前向きに考えられるようになりました。内閣府から公的な基金の承認を頂けたこの体験は、将来の自分にとって大きな宝物になると思います」

お客さまと心の奥底で自然と響き合えるように自分を磨く

ＪＡＩＦＡの活動を続けていることで仕事に対する考えが深まったり、人との良い縁が数多く生まれ、そんな出会いを通じて別所はある一つのことを学んだという。

「マーケットの環境も日々変化していて、想定していなかったことが次々と起こるじゃないですか。だから、戦略戦術とか論理とか、僕たちがビジネスで成功するために企てることなんて、一体どこまで通じるのかなって思うときがたくさんあるんですよ。そもそも、僕はマーケットは自分の意思でターゲティングできても、お客さまの心を掴むことはできないと思っています。いろいろな策を講じても、心の奥底で響き合えないと、お付き合いが長続きしないし、ご紹介もいただけません。となると、いろいろな方の心を響かせられるように自分を磨かないといけない。それはビジネスの中でもできるでしょうけど、たとえば時間をつくり、ボランティア活動を一生懸命することなどが、自然と自分磨きにつながっているように感じています。仕事の成果もそうして生み出されているところが大きいのではないのかなと。

だから、日々の活動は戦略的にセールスをしている意識はなくて、自分を人間的に高める努力をしています。つまり、目の前の仕事を誠実に一生懸命やっていると、思わぬご縁が運ばれてくる気がするんですよ。目の前に起こっている事柄は偶然ではなく、必然の出来事だと思っています」

◀別所にワーク・ライフ・バランスの大切さを教えてくれている、2人の娘。

No. 10

駐車場にミニバン商談ルームをつくった男

戸部隆宏

[銀座支社 1963年生まれ／前職：運輸]

戸部隆宏は、かつて大手運輸会社で海外貨物の営業担当として、大きな海外プロジェクトも次々と成功させ、将来を嘱望されていた社員の一人であった。そんな状況からライフプランナーに転身した戸部だったが、もともと生命保険に嫌悪感を持っていたという。

「私には、難病にかかって障がいを持った妹が二人いて、二番目の妹はずいぶん前に亡くなりました。当然、生命保険の契約はできませんでしたから、保険にありがたみなど感じたことはありません。でも、たまたま出会ったプルデンシャル生命の人からライフプランナーという仕事の話を聞いて驚き、惹かれるものを感じたんです」

転職に迷いを持ったまま臨んだ最終面接で、担当役員からこんな質問をされた。

「戸部さん、障がい者は生命保険の契約ができないことを知っていますか?」と。

「私は誰にも妹のことは話していませんから、なぜ、そんな話をするのだろうと思いながら『知っています』と答えると『どう思われますか?』と訊くので、『仕方ないのではありませんか。健康な人しか契約できないのですよね』と返しました。すると、その役員は『戸部さん、ウチはそういう人にこそ生命保険が必要だと考えて、いつか入れるように仕組みを変えたいと頑張っている会社なのです。一緒にやりませんか』と手を差し出されたのです。身体中に稲妻が走りました。この人たちと一緒に仕事をしたい。『よろしくお願いします』と手を握り返したのが、私のライフプランナー人生のスタートでした」

このとき戸部は三八歳。前職の同期には「管理職としてこれからラクができるのにバカだな」とも言われた。それでも戸部は、「俺の人生には、まだまだやれることがある」との熱い思いで、自らが拓いた道を疾走し続ける。

目標達成のためにやれることはすべてやれているか

二〇〇二年の入社当時、戸部は営業所長から、こう言われた。

「毎週三件の契約をお預かりすることが、フルコミッションのセールスパーソンとしての習慣づけになる。みんな当たり前のようにやっているよ」

実際は毎週連続となると高いハードルなのだが、「オレだってやってみせる」と、戸部の心はがぜん燃え上がった。

「働きづめで、ベッドで寝られない日もありました。夜中に支社に帰って、椅子を五つぐらい並べて寝たり、やっと家に帰っても、布団にたどり着けずにソファーで倒れていたり。『なんでそこまでやるの？』と言われても、一人前になるための近道だったので、がむしゃらにやりました。ただそれを、お客さまには見せないようにはしていました。ガツガツしてるイメージはよくないでしょうからね。実際は厳しかったですけど、余裕のあるセールスのフリをしていたわけです」

「三八歳から四二歳までそんな感じでした」と戸部は振り返る。その四年間、二〇二週間連続で毎週三件の目標を達成し続けた。そのスタートとなった入社一週目のことは、とくに忘れられないと話す。

「一週間で二九人の方と初回面談をしました。そのたびに喫茶店を使うのはお金がもったいないので、当時乗っていたワンボックス型のミニバンを対座シートにして、家から持ってきたお茶をクーラーボックスで冷やして、商談ルームにしたんです。自分に明確な目標さえ立てれば、おのずとそのためのやり方を考えるものです。同僚たちがなんとなく入っていた生命保険は、じつはどんな内容かも知らないでいたという人も多かったですから、みんな生命保険の話には感動してくれました。だからこそ、自分の寝る時間を削ってでも、みんなの生命保険を見てあげたいと思ったんです。自分が正しいことをやっているという自信も、その大きな原動力になったと思います」

パウチ加工名刺が表すセールスのスタンス

ふと気付くと全国各地に契約者が広がっていたという戸部。新人の頃から一〇年以上、紹介された先に「遠いから行けません」と断ったことは、一度もない。

「大阪や神戸は当たり前、札幌や小樽や富良野にも、長崎にも五回行きましたけど、泊まりは一回もありません。早朝の飛行機で行ってレンタカーを借りて、商談が終わったらどこも見ないでサッサと帰ってきます。『もったいない！』と仲間から言われますが、ゆっくりする時間がもったいないと考えています。

▶クルマが大好きな戸部。プルデンシャル生命創立記念の際にはノベルティのミニカーを提案しデザインも手掛けたという。

交通費はかかっても、喜んでくださったお客さまが『戸部さん、わざわざ来てくれたから』と、東京の友だちを紹介してくださることもあります」

そんな「どこへでも行く」という戸部の心意気の表れの一つが、パウチ加工した名刺。自分の営業スタンスを語るツールにもなっているという。

「たとえば大阪勤務の会社員の方に、『この先、どこか転勤の可能性はありますか?』と聞くと、『札幌か福岡かな』と答えが返ってくることがあります。そんなとき、私はこう説明します。『一般的にエリア制の場合は、福岡に転勤されると大阪の担当外れて、こんどは福岡のセールスパーソンが担当します。でもウチは、お客さまがどこに転勤されても私が担当です。なぜこういう契約内容になっているのか、子供が生まれたら契約をこう変更すれば良い、などの諸事情はみんな私が把握しているので、皆さんすごく安心してくださいます。それで私は、お客さまがあちこちへ転勤するうちに私の名刺がボロボロにならないよう、こうしてパウチしているのです。財布か手帳に入れてくださっているお客さまが多いんですよ』と言って、名刺をお渡ししています」

商品の力を信じているからこそ、なかば強引でも迷いなく言い切る

生命保険の営業を長年続けていると、思わぬ縁につながると同時に、契約者の病気や訃報に向き合うことにもなる。ある夏には、前職で世話になった先輩の一人がガンになり、一人が心臓発作で亡くなるという出来事が重なった。

「お二人とも、『戸部ちゃん、生命保険ならもう入ってるからいいよ』と言うのを『その内容では不十分なんです！』って、なかば強引に勧めたんです。いまの思いは複雑ですけど、ガンを治療中の先輩には『しっかり入院のフォローをします』と言えます。亡くなった先輩のご両親と奥さまからも対応や保障内容に感謝されまして、『葬儀委員長をやってほしい』というお話もお引き受けしました。だから、生命保険の営業をしていて『生命保険なんかいらないわよ』と言われても、『僕も昔はそう思っていました。でも、ニードに合っているか確認することはすごく必要なんですよ』という話を、いまは自信を持ってできます」

先輩の葬儀の翌週に、もう一つ大きな出来事があった。戸部が、群馬にある実家の木に登って枝を切ろうとしていたとき、そのまま五メートル下まで落ちてしまったのである。足を骨折して二週間入院した後、保険金の手続きのため、亡くなった先輩の自宅を松葉杖で訪ねた。

「私から事情を聞いた奥さまはこうおっしゃったんですよ。『五メートルも落ちて骨折で済んだのは、きっとダンナが助けてくれたんだと思うよ。戸部さんが死んじゃったら私たち困るから。もういまは肉体がない身体だから、群馬までダンナがパッと行ったんじゃないかな』って。私も『ああ、もしかしたらそうなのかな』と感じました。奥さまからは『あのとき強く生命保険を勧めてくれてありがとう』と感謝のお言葉もかけていただいて、こちらこそありがたかったですね。前職の同僚や友人にセールスすることに抵抗があるという後輩もいますけど、知っている間柄だからこそベストな提案ができて、安心していただけるのだと私は思います」

◀調子が出ない後輩や仲間に見せるという、駆け出し当時の活動表。「とにかく死ぬ気で働いた記録簿なんだ」と。

ご縁とご恩を意識する

数年前、戸部は父親を亡くした。そのときに献花してくれたある会社の社長にお礼の電話をしたところ、「ああ、生命保険の営業をなさっているんですか。お父さまにはお世話になりましたけど、生命保険はいりませんから」と言われた。もともとセールスのつもりではなかったので、ふだんならここで終わり。しかし、なにか引っかかるものを感じ、「とにかく直接お礼だけでもさせてください」と、社長を訪ねることにした。

「結果としては、一〇〇名くらいの福利厚生に関するご提案をして、ご契約を預からせていただきました。その間、サポートをお願いした社労士さんの不手際があったりして、いちど社長を激怒させてしまったんです。それでも私はあきらめずに食い下がりました。なぜなら、法人営業への苦手意識がある自分に、父親が与えてくれたチャンスなのだと思ったからです。そういう強い気持ちで臨んだ結果、父親の最期の形見のようなご契約をお預かりすることができました」

この契約によって、社内の表彰基準をクリアし、世界レベルで開催される表彰式に家族を同行できる機会を手にした。

「じつは私は、ライフプランナーになってから、まったく家族を顧みてきませんでした。社内の表彰式には毎年参加していましたけど、家族が一緒に来てくれたのは初年度の一回だけ。そんなのは我が家だけで、言ってみれば、家族もあきれるほどの仕事人間だったわけです。でも、直近の世界レベルの表彰式には中三になる娘が来てくれまして、二人で気持ちのいい海辺を歩いたり、ウチの外国人社長（当時）に娘を紹介したりすることもできた。これも、天国の父親のおかげだなって、もう一度家族をつなごうとしてくれているんだなって思いました。ご縁とご恩を意識して仕事に向き合うだけで、その仕事へのこだわりはより一層強いものになるんだと実感しました」

No. 11

「営業」はアンケート調査ではない、「お客さまとの真剣勝負」なんです

米谷直樹

[千代田第二支社 1966年生まれ／前職：広告代理店]

米谷直樹の前職は広告代理店の営業。ライフプランナーへと転身したのは、間接的にではなくダイレクトに「人と社会の役に立つ仕事をしたい」という自分の気持ちに気付いたからだった。

「転職のときに一つ心配がありました。『ヤバい。これだけの素晴らしい仕事ができたら、提案した全員から契約を預かれるかもしれない』と。僕はそのくらい調子コキなんですよ（笑）。ですから、前職でお付き合いのあった人たちを回り始めたとき、『お前には任せられない』と言われてショックを受けたこともありました。へこんだり、調子に乗ったりの繰り返しで、ジグザグの曲線を描くように成長させてもらっていると思います」

そんな駆け出し時代を送った米谷も、入社一六年目にはMDRTプルデンシャル会の会長を務め、前職で培った強みを生かし、さまざまなセミナーの企画運営を行い、東日本大震災のボランティア活動を牽引するまでになった。

「MDRTプルデンシャル会の会長の話が来たときには、『えっ？　オレが？』と本当にびっくりしました。お受けするかどうか三日間考えた末に、天は、乗り越えられる試練しか与えないという誰かの言葉を思い出して、自分の成長のためにも一生懸命やらせていただくことにしたのです。だけど、本業であるセールスの成績を下げるようでは意味がありません。それまでは二か月単位で更新していたやることリストを毎週更新に変えました。また、食事のあとにお客さまと二軒、三軒とハシゴしていたのが、できるだけその日のうちに家に到着できるような生活へ変化していきました」

いまでも、オーナー経営者の方々にはときどきガツンと叱られたり、アドバイスを受けたりすることがあり、そうした叱咤激励が大きな財産になっているという米谷のセールスに迫る。

自分のアイデアに酔わないよう、しばらく寝かしてから見直す

米谷は前職の広告代理店時代に、ある大物CM監督のAさんから強い影響を受けた。「あるとき、完成したCMにクライアントからの注文が入りました。『最後に映る商品を大きくしてほしい』と。僕なりに考えた末に、A監督にはこう伝えました。『商品をもっと目立たせたいというご要望が強く、なんとかならないでしょうか』。通常なら、言われたままただ大きくして簡単に処理してしまうことが多いところです。でも、

A監督が出してきた修正版は違いました。大きさは変えないまま、商品をゆっくり動かしたんです。『世界観はそのままだろ？　米谷、どうだ？』って笑ったんです。クライアントも絶賛で、僕はもうシビれました」

転職後も師であるA監督からの「作業ではなく、仕事をしろ。物事の本質を考えろ」というメッセージは、いまも米谷のセールス道の、ど真ん中を貫いている。

「たとえば、複雑な要件のともなうオーナー経営者へのプランニングなどをする場合、熱中しすぎると自分のアイデアに酔いしれたりするケースがある。だから僕は、しばらく寝かしてから見直すようにしています。生命保険に一〇〇%の正解はありませんが、明らかに正しくない部分に気付くことはできます。スッとできあがったものって、軽いし浅いことも少なくありません。生命保険の提案に限らず、勉強会や会議の資料づくりなどの際にも、いちど寝かしてから再考するというプロセスは

▶創業者「坂口陽史」の名を冠した賞を2011年に受賞（※）。賞金はシェルパ基金に寄付をした。

大切にしています」

セールスをするということは、相手の思いを引き出すこと

毎週朝七時から（！）勉強会を開くなど、いろいろなかたちで後輩育成に尽力している米谷。後輩たちの商談に同行した際に、気になったことがある。「ある若手がパソコンを使って保険提案に必要な情報をヒアリングしている姿を見たとき、まるでアンケート調査でもしているようで、さらっと商談していると感じたんです。僕らの仕事は、その人の人生と向き合うわけで、ある意味でその人の人生観と我々の感受性の対決に行くわけです。根っこにある物事の考え方に対して家族や会社への思いがかみ合っているかどうかを引き出しに行く。それがプルデンシャル生命が最重視する実情調査というプロセスですし、そのために僕たちが存在するわけです。単に保険に入ってい

※「坂口陽史ゴールデン・ハート・メモリアル・アワード」について
プルデンシャル生命の創業者であり、米国プルデンシャル・ファイナンシャルの国際保険事業の育ての親である故・坂口陽史を偲んで、2002年に創設された賞です。毎年、日本を含む世界9カ国の営業社員の中から、もっとも良い手本となった営業社員に対して贈られています。「業績」に加え、「契約継続率」「コンプライアンス」「社会貢献」などが評価項目となります。同賞では、受賞者の指定するチャリティ団体に1万ドル寄付しています。

ただくための情報収集するということと、真剣勝負で相手と向き合い、その方の心の中にある潜在的ニードを顕在化させることとはまったく違うと思うのです」

相手が気付いていないことを明らかにし、「そうか、わかったぞ。俺はこんな物事の考え方をしたいと思っていたんだ」と感じてもらう。そうなったときに初めて、相手の立場を尊重した提案につながっていくと説明する。

「ですから、相手の考え方次第では、プランを考え抜いた結果として極端な提案になる場合もあります。たとえば『自分が死んだとき、お金のないほうが強い子供に育つ。だから、妻が困らないだけの生活費があればいい』という結論を出したお客さまがいらっしゃいました。素晴らしい考え方だなと僕は思います。その人らしい保険をつくるために大切なのは、お客さまとのコミュニケーションにおいて、心の部分でどう触れ合えるかです。この人はもっと真剣に物事を考えるタイプなのに、どこか本気度が低いなと感じたときには、あえて強い言葉を投げることもあります。いわば遺書をつくるのと同じなんですよと。この仕事はとても神聖なものに対して向き合うものなんだ！　とつねに意識しておかないと、僕たち自身や会社の存在意義はなくなると思うんです」

心のよどみをゼロにする努力

セールス活動をしても結果が出ない人――。なにか共通していることはあるのだろうか。これに対し、米谷は次のように答える。

「冷たい言い方ですけど、伸びない人というのは、本当に相手のことを思って行動していないのではないでしょうか。相手の立場に立って物事を考えるとか、人の役に立つという言葉だけが先行している。仕事の意義が頭でわかるのと身体でわかるのは別で、実体験の中でしみ込むようにわからないとダメです。人の役に立つことが心から確信できていないから仕事が上手くいかない。それが負のスパイラルに陥るパターンじゃないかと思います。お客さまとのコミュニケーションを深めていけば、ある一定の確率で結果につながる。そうなれば嬉しいし、実感レベルのやりがいが生まれる。生命保険の営業は、そういう良い循環に乗らないと厳しい仕事です」

セールスパーソンである以上、数字はどうしたってほしい。でも、数字がほしいだけというスタンスは、かならず自分に跳ね返ってくると米谷は語る。

「ご訪問して、商談にならなくてもいい。すでに素晴らしい保険に入っていたら、『これなら安心ですよ』と伝えるだけでもいい。目の前の方全員から、保険をお預かりすることが目的ではありません。その人の問題解決をするという観点でやるんです。話が脱線するとすぐ自分の訊きたい質問に戻す人がいますけど、脱線しまくればいい。お客さまは自分のことを知ってもらいたいというモードに入っているわけですから。それを遮ろうとする意識、『いまここで契約がほしいな』という心のよどみは僕だってゼロではない。でも、ゼロにしようという努力はいつも続けているつもりです」

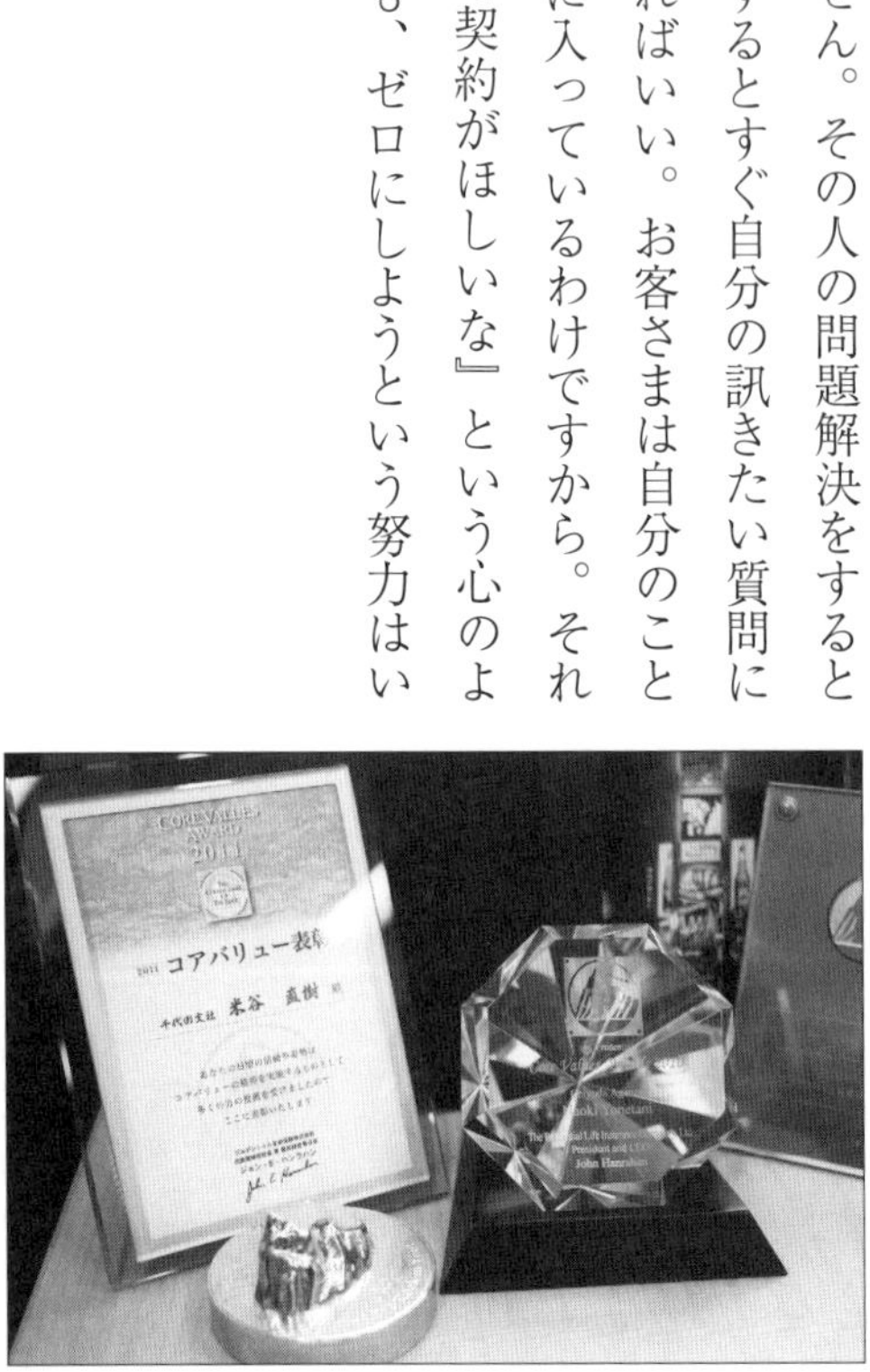

◀米谷は、業績という指標以外での表彰も数多く受けている。

世の中は経済的合理性だけで動いているんじゃない

根が調子コキだから、契約者の社長に怒られた経験も少なくないという米谷は、そのたびに自分の甘さを反省し、軌道修正してきた。

「ある社長にご提案した際、他社の既契約でしっかりしたものがあったので、そこはそのまま残すようにお奨めしました。ところが、それが社長の逆鱗に触れたのです。『なんだと？ 俺はお前に全部任せると伝えたよな。だから、人に話していないことまで喋ったんだ。この部分は残してくれという言い草は無責任だろう』。僕はハッとさせられました。『申し訳ございません！ 全部やらせてください！』とすぐにお詫びすると『それでいいんだよ』と社長は言いました。世の中は、経済的合理性だけで動いているわけじゃない。こんなに信頼されて任される機会は人生の中にそうないのに、お前は鈍感すぎないかい？ というメッセージをいただいたのだと思います」

逆に、米谷の踏み込んだ言い方が経営者からの信頼を得て、保険会社七社のとりまとめ役となる大きな商談を一任されたこともある。

「紹介をいただいて最初に訪ねたら、その社長は半分寝ているような雰囲気で、まともに話を聞いてくださらない。その後も『お前となんて会う時間はないよ！』という感じだったのですけど、なんとかこぎつけた会食の席で、僕はこう言いました。『契約がほしいだけでこの仕事をしているわけじゃありません！　社長、僕は命を賭けてこの仕事をしているんです！　すみませんけど、寝ないで僕の話を聞いてもらえませんか！』と。すると社長は『ほう？　そこまで言うのか、面白い。分かった、明日、保険証券を全部見せるから、分析して俺にベストなものを持って話に来い』と応じてくれました。そこから七社合同の大きな商談につながったのです。たとえ話で、殴り合って初めて仲良くなるというではありませんか。商談もある意味で、そんなところがあると思うんです」

No.12

ドクターマーケットを制した「朝四時まで生ミーティング」

三木孝司

［広島支社 1964年生まれ／前職：医薬品メーカー］

三木孝司は、外資系製薬メーカーでＭＲ（医薬情報担当者）の仕事をしていた。ライフプランナーに転身してからの二十数年で積み重ねてきた契約は約三〇〇〇件を超える。その約七割をドクターマーケットが占めるが、大半はＭＲ時代の顧客ではないという。

もともとドクターマーケットにアプローチしたいという思いはあったがメンタルブロック（心理的抵抗）もあり、前職の顧客には、なかなか足を運べずにいたところ、趣味のトライアスロンで知り合った医師から、契約を預かるという縁に恵まれ、再びドクターマーケットを中心に仕事ができるようになった。三木と医師をつないでくれたトライアスロン。宮古島の大会では、道路からの照り返しで日焼けし、水ぶくれした足裏から出血するアクシデントに見舞われながらも、完走を果たした。三木はセールスパーソンとしても、晴れの日も雨の日も自分のフォームとペースをしっかり確かめながら、勝つための熱いレースを走り続けている。走ったり、泳いだりする中で保たれる「仕事と生き方のペース」は日々の仕事にどう生かされているのか。

顧客の信用を得るためには、断言できる強い思いが必要

駆け出し時代には、訪ねた先々で断られる経験もたくさんしてきたという三木。中

でも印象に残っているのは、前職の頃から出入りしていた大きな病院での出来事だ。

「いろいろな大学から先生たちが集まっている総合病院で、そこのA先生とは初対面という間柄でした。『保険商品のことはわかった、設計もいいと思う。だけど、僕はすでに他社の保険に入っているから、そのままにする』と、断られたんです。僕は書類を鞄の中に片付けてから、帰り際に尋ねました。『最後に一つだけ教えてください。今回お客さまになっていただけなかったのは、本当のところ、なにがいちばんの理由だったのでしょう?』。すると、A先生は一言『あなたが信用できない』と、はっきり言ってくださったのです。その瞬間、たくさんの先生たちがいる部屋の中が、シーンと凍り付いたのを覚えています」

三木は返す言葉が見つからず、「ありがとうございました」と言って立ち去るのが精いっぱいだった。じつは他の顧客も同じように思っているけれど、口にしないだけかもしれない。契約を任せてくれたとしても、お情けにすぎないのかもしれない、と悩むきっかけとなった。

「どうしたら信用してもらえるのか、答えは誰も教えてくれません。修正すべき点を探したい一心で、カミさん相手にロール・プレイをやったり、それをビデオカメラに撮影して見返したりしていました。二〇年前はまだ珍しかったクルマ用の再生機とテレビも買って、アポの合間の駐車中にも見ていました。自分の映像だけではなく、社内の先輩のロープレビデオもずいぶん参考にしました。それでわかった僕の欠点は、仕草もしゃべりの歯切れも悪いことです。なにかを買うとき、買う側は少なからず『この買い物が正しいのか？』と不安を覚えます。生命保険はただでさえ目に見えない商品なのに、『……だと思います』みたいな自信のない言い方をしていたわけです。セールスパーソンが断言しないとお客さまはただ不安に陥るだけ。しかも単に売れている人のトークをそのままマネするのではなく、自分の言葉で言えるようにならなければ、どこかぎくしゃくしてしまって、お客さまに信頼していただけません。つい方言が出たとしても、『ところで三木さん、九州出身ですか』という展開につながることもあります。そんなお客さまの反応をいろいろと見ながら、自分らしいトークを確立していきました」

自信を持った言葉が、相手を本気にさせる

生命保険セールスには自信を持って断言するスタンスが重要だと気付いた三木。そのことを実証するような出来事があった。

「ある開業医の方を紹介されてアポイントをとったのですが、二回連続ですっぽかされました。『約束というのは守るためにするのではありませんか？　僕の時間を返してください』と喉元まで出かかっていました。でも、グッと堪えて三回目のアポイントをとって、ようやくお会いできたんです。とはいえ、その日も一時間くらい待たされて、説明を始めても遠くに座って、聞いているのか聞いていないのか、わからないような状態でした」

それでも、少しずつにじり寄りながら、粘り強く説明した。ある数字をめぐって「それはキミ、違うと思うよ」「いいえ、先生の場合、こうなんです」「いや違うだろう」「いいえ」という三木の毅然とした物言いが続いたあと、先生は奥さま

▶創業者「坂口陽史」の名を冠した賞を2013年に受賞（※ P101 参照）。

に言った。「ウチが加入している保険証券のファイルを全部持って来て」と。

「きっと、『先生の保険はこうなんです』と、はっきり言い切ったのが分かれ目だったと思います。どっさりと置かれたファイルを前に『内容の確認をするんですよね。さあ、一気にやってください』と、先生が促しました。それでチェックし始めたのですが、損保も生保も全部入っていますから、あまりの量の多さに先生も『これは二人で手分けしてやろう』と言ってくださいました」

奥さまが夜食につくってくれたおにぎりと味噌汁を食べ終えた頃に、時計の鐘が十二回鳴った。

「先生、明日も外来があると思いますから、今日残りの書類を全部お預かりしてご報告に参るようにしましょうか？」

「いや、研究者のときは徹夜でこんなことはなんぼでもやってるから大丈夫だ」

そんな会話もあった。

「そのあとボーンと鐘の音が二回鳴り、しばらくして三回鳴りました。四時を過ぎてクルマが動き出す音が外から聞こえる頃に、ようやく終わりに近付いてきたのです。

ずうっと病院に電気がついているわけですから、近所の人もなにがあったのだろうと思ったでしょうね（笑）。お会いしたのが前日の夜七時半ぐらいでしたから、九時間経過です。ご契約されている保険の内容が全部わかったらすっきりしまして。二回もすっぽかされて、三回目で会えたときも最初の一時間ぐらいは遠目で見ていたけど、最終的には『三木さんこれでいいですか』と頼られるようになるという変化が、夜から朝までの間に起きたわけです。嬉しかったですね」

その後、信頼できる税理士や資産運用の専門家を紹介する間柄となるにつれ、大きな紹介をもらえるようになった。

「ご親族も含めて金融面でカチッと私がハマっているという、いいお付き合いをさせていただいています。出入りするいろいろな業者さんがいらっしゃるけれども、その一人として信頼を寄せていただける。そんな気持ちにさせてくれるお客さまがいらっしゃるということは自信にもつながりますので、感謝ですよね」

お客さまの考えを整理して濃縮する商談を心がける

こだわりの住宅を探訪する人気テレビ番組が好きで、よく見ているという三木。「家自体も魅力的ですが、その伝え方に感心させられる」という。

「たとえば、玄関を開けた途端に、三階まで吹き抜けで天窓に空が広がる家が紹介されるとします。案内役のタレントが入ってくるなり、『うわぁ、これ、明るさと景色が違いますねぇ』とお約束ごとのように言うじゃないですか（笑）。僕としては『天窓から直射日光が入ってきて真夏は暑いだろう、案内役はそこにツッコミを入れるはず』と思うわけです。でも、その場では触れないで、番組の最後あたりで『おや、これは？』と尋ねて『はい、天窓にシェードがかかります』とか言わせるんですね。なぜかといえば一階、二階、三階と順番に上って建物を紹介したときに、また最初の吹き抜けの話題に、つまり設計思想に話を戻せる。『この家って、これがポイントですよ』と視聴者にも伝わりやすい。なるほど、番組のつくりがうまいな、と唸らせられます。それに、登場する奥さんや旦那さんのキャラも面白いというか勉強になります。『ああ、この人って、こんなふうに家や家族への思いをしゃべるんだぁ』とか『へえ、こんな考え方もありなのか。この感覚は自分にはなかったな』とか。まさに僕らは、そういういろいろな感覚を持つ人のところに、ポンとセールスに行くわけです。だから、全方位的に観察しておかなければいかんな、と再認識したりもするわけです」

住まい手は、しゃべりたくて仕方がない。案内役はうまく話を引き出す。それは、顧客とセールスパーソンの関係にも似ている。

「案内役が『このキッチンの使い勝手はどうですか?』とか『どんなふうに設計士さんの方に依頼されましたか?』とか尋ねると、そこからの住まい手さんの話といったら、ものすごく長いはずです。でも、編集されてムダが削ぎ落とされ、ほんの短い台詞の中にうまく凝縮されていますよね。僕らの仕事でも、セールストークもできるだけ短いほうがいいですし、お客さまの考えをうまく整理して『こういうことですね』と端的に返してあげる、濃厚ジュースのような商談が理想だと思うのです」

走ったり泳いだり——ネガティブなことを考えずにすむ方法を見つける

セールスに行き詰まったときの、三木の対処法は明快だ。とにかく動く。人と会って話す。とはいえ、「行くところがない、会う人がいない」という場合はどうすればいいのだろうか。

「人が世の中にいない？　そんなことはないはずです。飲みに行けば店の大将がいるし、足を外に向ければ目の前にいっぱい人はいる。いないと言うのは、自分の頭の中にいないだけ。もちろん、どんな相手でもいいわけではありませんから、行ける人がいない、お話しできる人がいないというのは、僕らの仕事にはつきものです。その繰り返しだとも言えます。つねに楽しい場面ばかりにはならない。しんどかったりして滅入っちゃうから、僕の場合ならトライアスロンの練習ということで走ったり泳いだりします。すると、ネガティ

◀厳島神社からスタートする「みやじま国際パワートライアスロン大会」での三木の勇姿。

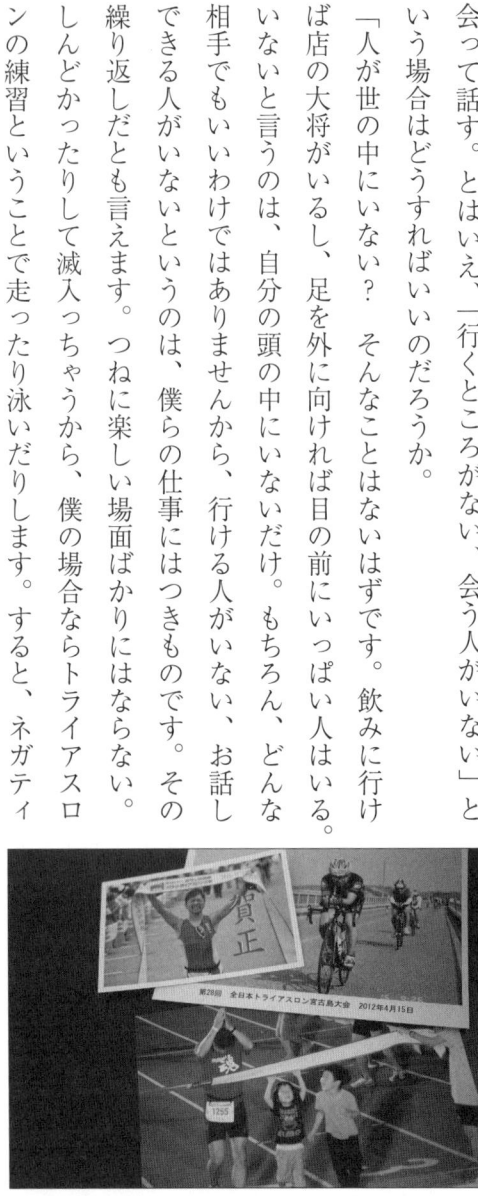

ブなことを考えないですむ。『ちょうど良かった。自分はいま、そういうタイミングなんだ。話ができる人、会える人をつくる時間がきたということなんだ』という前向きな思考になれるんです」

断られ続けて活動が止まってしまう若手セールスには、「大丈夫、売れるよ」と見守っているという三木。

「コツコツとやっていけば、かならず売れると思っていいんです。だって、お客さまはいつか誰かから買うはずなので。それが自分以外のセールスパーソンから買われるとか、一〇年経ってから買うとかいろいろあるのは仕方ないんですよ。買う決心に至らないとすれば、その状況にないのか、その提案がお客さまのニードに合っていないのか、伝え方が違っているのか……。その原因を自己分析しながら、お客さまのことも分析しないといけません。『この方にはいつかは売れる。でも、一〇年、一〇〇年経って売れても仕方ないから、別のところに行こう』と、頭を切り替える。固執して行き詰まってしまう前に、自分が活躍できるエリアやマーケットを探して、自分の足で走り回っていくことは必要ですよね」

第三章

「オンリーワンの個性」で勝つ

No.13

波乗りもセールスも「一期一会」だから、おもしろい

田中耕三朗

［立川支社 1966年生まれ／前職：輸入車販売］

田中耕三朗は、輸入車のディーラーから、一九九七年に転職した。田中をひときわ印象づけるものは、学生時代から続け、多い年には一〇〇回ほど通うというサーフィンだろう。いまも忙しい間を縫っては海外をはじめ、湘南や千葉の海に出かけている。

サーフィンで掴んだ波乗りの感覚がセールスにも生きているようだ。

「波乗りの魅力はなんといっても自然相手ということです。計算なんてできない。準備はできても、いつどんな波がやってくるかわからない。はっきりしているのは、同じ波は二度とやってこない、ということだけ。仕事もそうですよね。まさに一期一会。どんな人とどんな出会いがあり、どんな付き合いに発展するのかわからないからこそ、たまらなくおもしろい」

約二〇年前には、ある病気のため集中治療室で生死の境をさまよった。それ以降、人生はいちどきりという実感を強め、プライベートも大切にして、自分らしくいられる働き方を実践してきた。プライベートと仕事を両立させる田中には「ほとんどストレスはない」という。人なつっこい笑顔をセールスポイントに地元客との縁をつなぐ田中のセールススタイルを見ていこう。

「そんな場所でどうやって売るの？」と言われるエリアにも勝機あり

プルデンシャル生命では担当エリアという考え方がなく、どんな地域のどんなマーケットにも自由にセールスできる。それは逆に言えば、マーケットを絞り込んでもいいということ。田中は、まさにその典型だ。そして、その原点は外車販売時代のセールスにあった。

「担当したエリアがＪＲ立川駅北口周辺でした。『住宅街でもないのにどうやって売るんだよ？　客がいないじゃないか』という話です。でも、ある日気付きました。『駅前には百貨店がたくさんあるじゃないか』と。実際、百貨店の外商部を攻めてみたら、どんどん紹介でつながっていきました。ある百貨店の車寄せに実車を展示して売ったのは、西東京地区では僕が初めてだと思います」

その結果、田中は当時在籍していたディーラーで、外車販売日本一も記録した。

「僕はいま、ほぼ八王子市内だけでセールスを行っています。五〇万都市ですから、マーケットはけっして小さくありません。他のエリアでもご縁があれば喜んでお引き受けしますが、むやみに拡げないから点と点が線でつながって、やがて面になる。あちこちに分散すると線にはなっても面にはならないのです」

エリアを絞る代わりに、ロータリークラブや経営者の勉強会など、地元の集まりは週例・月例で出席することが多いという田中。「八王子には田中という保険セールスがいる」と、地域の皆に言ってもらえる状態をつくることを目指している。

みんなが持つ営業カバンは持たず、立ち姿まで美しい営業を目指す

田中に自己演出について聞くと、「たとえば異業種交流会で二〇～三〇名集まったとき、いちばん目立つ存在でありたい。皆さんが興味を持ってくれるオーラを発していたい」との答えが返ってきた。

◀田中の最大の武器は、人なつっこい笑顔。「白い歯と歯並びは両親に感謝です」と語る。

「ふつうの格好をしていたら人は寄ってきません。だから、一般的によく使われるような営業カバンを僕は持たないのです。カバンは茶色系が多くて、最近使っているのは七～八個。その日の服装や靴に合わせて毎日変えています。気合を入れるときには、密かに赤いボクサーパンツを穿きます（笑）。ネクタイとかに勝負色を使うと、相手にわかるじゃないですか、きょうは決めに来たなって。それは嫌なんです」

カチッとした真面目なイメージをあえて避けることで、自分らしさを演出しているというわけだ。さらに、こう付け加えた。

「いまのは外見の話で、もちろん中身が肝心。それはお客さまに日日、鍛えてもらっています。でも、僕は公私ともにおしゃれでありたい。白鳥のように、水面下ではバタバタしているけど、それを見せない。立ち姿まで美しいのが、私たちライフプランナーのイメージだと思うのです」

▶最近はサーフィンに加え、トライアスロンにもチャレンジしている。

落ち込んだときこそ、お客さま・家族・まわりの人から勇気をもらう

　ストレスはないという田中も、いつも好調なわけではない。では、どうにも気分が落ち込んだときには、どう立て直しているのだろう。

「ご契約をお預かりできないと、さすがに落ち込みますよ。どうしても営業は数字とは切り離せないので、きっと『ご契約が欲しい』という気持ちが顔にも出てしまっているんでしょうね。そんなときは商談してもダメですし、サーフィンに行っても楽しめない。じゃあどうするかというと、やはり人に会うしかありません。足を運んで、話をして、情報をもらっているうちに、お客さまから勇気を与えていただけるんです」

　また、そんなときになんといっても励みになるのは、やはり家族の存在。高三、高一、小六の三姉妹とは、毎日ハイタッチを欠かさないほど仲が良い。さらに、ご近所の方たちと気軽にお付き合いすることでも、心が軽く解き放たれ、開放的になれる。

「支社の執務ブースにいるよりも、自宅にいる時間が長いですよ。昼間に家の周囲の

掃除をして、近所のおばあちゃんと経済の話なんかをしたりしています。娘の学校で知り合った人たちと世間話をするうちに、保険に興味を持っていただくことも多いので、その場合は自宅にお招きして商談なんてこともありますね」

どうやら、田中の周りにはストレスを寄せ付けない環境が組み立てられているようだが、ストレスを受けやすい若いセールスパーソンは、いかにしてストレスと付き合えばいいのだろう。田中は、こんなアドバイスを送る。

「とにかく仕事を楽しむことですよ。嫌々ながらやっている気持ちはお客さまにも伝わって、いい結果は出ません。楽しめない人は、自分を出せていないのでしょう。特に僕らの扱う生命保険は、目に見える形の商品ではありません。となると、人間を買ってもらうしかないと思います。僕は、後輩の前でもお客さまの前でも、このままの自分でありたいんです」

また、心の健康には柔軟性が欠かせないというのも覚えていて損のない知恵だと田中は語る。

「『これが絶対に正しい』とか『自分はこう思うんです』って譲らない、頑固で柔軟性のない人っていますよね。でも、大切なのはお客さまがどう思っているのかですよね。それを的確に察しながら、気持ちよくお付き合いいただけるような空気をつくるのもセールスパーソンの仕事だと思っています」

No.14

怠けても成果を出す戦略的怠け者の教え

大園茂樹

[横浜東支社 1970年生まれ／前職：空調機器メーカー]

大園茂樹はライフプランナーになる前、大手空調機器メーカーで工務店やディベロッパーを相手にエアコンの営業をしていた。

「僕はごらんのとおり、一二五キロのデブッちょで、とにかく暑がりですし、なるべく動きたくないっていう怠け者です。前職時代は、夏場にはエアコンの効いた場所を見つけては涼んでいました。そんなスタンスでも、ちょっとお客さまのところに寄れば、会社の看板で人並みには売れちゃう。これでいいのだろうか、将来どうなるのだろうかとモヤモヤしていたのも、ライフプランナーに転身した理由です」

とはいえ大園は、じつは怠けても成果を出すために、人とは違うことをやっていた。

「同僚たちは室内機と室外機のセットを新品で売っていました。でも、エアコンの室外機って、目に触れるわけではないから、型落ちの古いものでもいいじゃないかと気付いたのです。室内機との互換性を調べたり、全国の倉庫に在庫を問い合わせたり、そんなほんの一手間をかける。で、建築予定をリサーチしておいた工務店に「激安！」みたいな自作チラシを一斉にファクスで送信します。お客さまは安く手に入れることができるし、会社は在庫がはけるから誰も文句は言いません。同僚たちが月に数台しか売れないときに、僕には百台単位で注文が入って来るなんてこともありました。ラクをして大きな成果を得るためには、戦略を考えないといけない。怠け者だからこそ思考すると僕は思っています」

ライフプランナーとしても、しっかりとした戦略を立てることで少ない活動量から大きな成果を挙げている型破りな営業ぶりを見てみよう。

戦略的に見えなくても、戦略的なことがある

見込み客が枯渇してしまうというセールスパーソンの悩みを聞くと、「どういうことか僕にはわかりません」と首をひねる大園。窓の外を指差し、「ほら、いま歩いているあの人を顧客にしたいと思えば、その瞬間に見込み客になる。あとは、アプローチのきっかけをどうつくるか考えて、エイヤっと勇気を出すだけですよ」と語る。

「たとえば僕、一一月は毎年、エレベーターでたまたま乗り合わせた人を見込み客にする一人キャンペーン月間と決めています。小銭をばらまいて『あー、すいません！拾ってくださってありがとうございます！』とか、同じフロアで降りて『あれ？ボタンを押し忘れちゃった。あ、こちらにお勧めですか？』と話しかけたりして、名刺

を交換させていただきます。一〇年間、毎年一人ずつ続けていますけど、一〇人中七人の方からご契約をお預かりさせていただきました。これは、勇気を試すためにやっているようなところもあります。アポイントをどのくらいのスピード感でとれるかも含めて、僕のセールス力を測るバロメーターみたいなものです」

新幹線でも小銭を転がしてアプローチしたり、飛行機では名刺入れをバサッと落として話しかけたり、道を聞いた警官までも顧客にしたことがあるという。大柄で目立つキャラも活かしながら、もちろんパーティーや会合などの場でも、見込み客づくりは欠かさない。そうして出会った人の名刺が、つねに五〇〇枚ほどあるというのだ。

「毎年一二月になると、その中から三〇枚くらいを選んで、リストにします。選ぶ基準は、久しぶりに会いたいなという感覚的なものです。だから、気持ちに無理がない、なんのストレスもありません。一一月まではマイペースで種蒔きしていますから、仲間たちの中には『どうして年度末の三か月だけで毎年目標を達成できるのだろう?』と不思議に感じている人もいます。でも、相手のことを思って動けば、かならずご契約を預けていただけるって確信しているんです。僕は怠け者でラクをしたいので、あみだくじを逆から上っていきます。ご契約をお預かりするというゴールから逆算して、道筋とスタート地点を間違えないようにしているんですよ」

大切なのはトークではなく、想像力と思いやり

生命保険の営業をしていると、「生命保険なんかいらない」と無下に断られることもしばしば。人によっては、それが続くと怖くて足が止まってしまう。これに対し、大園はどのように対処してきたのか。

「最初、相手は『必要ない』と言うでしょう。それなら、最終的に『必要だね』と言ってもらえればいい。お客さまをそういうワールドにお連れすればいいだけの話です。ビルの屋上から釣り糸を垂らして、下を歩いている人を引っかけて持

▶窓の外を見れば、「見込み客はいくらでも見つかる。その人をお客さまにしたいと思うかどうか」と大園。

ち上げようとするからダメなのです。相手にしてみたら、上に行ったら怪獣が出て来ちゃうかもしれないし、騙されているかもと不安でジタバタするだけで、糸がプツッと切れちゃう。だから、自分が下に降りて一緒に上までエスコートすることが必要です。そのほうが相手も安心しますから」

こんなトークを使えば、こう反応するだろう、などというのはとんでもない思い上がりで、人間はそんなに単純なものではない。不安や悩みといった相手の奥深くにある気持ちをどこまで想像できるか。セールスパーソンに大切なのは想像力であり、その元にあるのは相手への思いやりだと大園は考えている。

「なにかのきっかけで、数日前の商談にフッと思いが巡ったりすることがあります。『そういえば社長、オレにはあんなふうに言ったけど、本当のことを言いづらかったのではないだろうか？』と。別の機会にもう一回おじゃまして、『社長、失礼かとは思いますが、本当はどうだったのですか？』と聞いてみる。そうすると、『お前、そんなことだけわざわざ言いに来たの？　でもじつはさ……』と、初めて腹を割ってくださったりすることもあるんです」

比較というラットレースから降りる

前職時代、いつも好調だった大園にも、悔しい経験があった。せっかく人間関係ができたのに、価格が安いという理由だけで、相対比較で競合に負けた経験だ。

「いま私が扱っている生命保険は、あっちよりこっちが安かった高かったという単純な比較だけで勝負しなくてもいい商品だと思っています。さらに個人個人のニーズによってカスタマイズするものですから、『要望したすべてがぴったり設計されている！』って、僕が言うんじゃなくてお客さまご自身が自分で感じてもらえれば、『他社と比較したらあっちが安かったです』という言葉は出てこない。これって生命保険に限った話ではなく、そのことに気付いていないセールスパーソンが多いと思うんです。少しでも安い新商品、また新商品という終わりのないラットレースの輪の中で走り続けていたら、いずれの日か息切れしてしまいますよ」

ふだんから頼られる存在、なんでも相談できる存在になっていれば、比較もされないし、依頼せずとも紹介を自然にいただけるようになっていく。そんなサイクルをつくり上げるにはどのようにしたら良いのか？

「変わったことへの挑戦もしていきますが、むしろ王道をストレートに堂々と歩いて行けば、後ろ指をさされることもありません。そもそも商いは信頼関係で成り立つものだと思うので、なんの嘘をつく必要もなく、相手のことを本当に思って正直にやればいいんです。生命保険はそもそも在庫も抱えなくて良いし、究極で言えばペンだけ持っていればどこでも商談ができます。そしてお客さまに『ありがとうございます』と感謝されて、会社から報酬までいただける。とっても幸せな仕事なんだと思っています」

◀この太い腕でギュッと抱きしめるかのように、大園は多くの契約家族のことを思い続けている。

No. 15

パンツもなにもかも全部脱がないと情報は入って来ない

大場敏貴

［名古屋支社 1962年生まれ／前職：設計事務所］

大場敏貴は以前、設計事務所に勤務し、商業施設への営業を担当していた。引き渡したら終わり、流行らなければ潰される。スクラップ&ビルドのドライな世界。その反動でヒューマンなつながりを求めた結果、大場はライフプランナーという仕事の魅力にとりつかれていった。

そんな入社五年目のある日、商談がうまくいかずに肩を落として歩いていると、ある社長が大場の背中をさすりながら、こんなことをつぶやいた。「大場ちゃん、あのなぁ。人も虫と一緒や。虫は光があるところに集まるやろ。お前さんが明るけりゃ、どんだけでも人が集まってくる。ニコニコせなあかんぞ」と。

これ以来、笑顔と自然体の大切さを再認識し、営業スタイルがガラリと変わったという。ライフプランナー歴も二〇年を超えた今では、契約の九五%は法人が占める。それも自分の父親の方が近い世代の経営者との付き合いが多い。いわば「団塊世代のオヤジ社長」がどんどん大場のファンになっているのだ。経営の最前線で揉まれ抜いた社長たちを虜にする大場の魅力はどこから生まれたのだろうか。

結果を出すためには、マーケットを拡げるだけではなく、掘ることも考える

「マーケットを絞れば情報ソースも豊富に持てるし、お客さまがどんな生活をしているのかまでもくまなく把握できる」ということから生まれ育った地元をマーケットと定めた大場は、自分の強みを生かして『地域いちばん店』を目指した。

「最初は、このエリアだけは他を寄せ付けないようにと、朝七時から夜遅くまでとにかく走り回っていました。いまから思うとその活動時間というのが、中小企業の会長さんや社長さんたちと同じだったんです。皆さん、朝は早くから仕事を始めて、夜は遅くまで会合や懇親会で情報交換されています。駆け出しの頃、その帰り際にばったり会って『まだ仕事か。頑張ってるな。俺の若い時と一緒やなぁ』と言葉をかけてくださることが頻繁にありました。いまでは、その経営者の方々と毎晩情報交換ができるようになりました」

経営者たちは、若かりし自分の姿を大場に投影したのかもしれない。いつもがむし

ゃらな仕事ぶりは徐々に広まり、父親世代の経営者から可愛がられるようになっていった。

「僕にはスポーツで全国何位とか、ファイナンスのすごい資格を持っているとか、前職で営業成績日本一だったとか、わかりやすいアピールポイントは一つもありません。自分にはただ必死で足を動かし、経験値を積み上げ、コミュニケーションを重ねていくことしかない。おまけに人一倍心配性ですから、止まったら終わりだと思って走っていただけなのです。この仕事を始めたとき、ある人が僕にこう言ってくれました。『見ている人は見ているから、まずは与えられたステージでとことんやれ。結果が出るまで続けろ。そうすれば、知らないうちに次のステージに立っているから』と」

◀アポイントとネタが満載な、愛用のスケジュール帳。しかし、意外にもアポイントをとらないで、顔を出しに行くこともある。「直接会ったり電話をマメにかけることで、〈相手の心の機微〉がわかり、ご家庭や会社の状況がつかみやすい」と言う。

物怖じせずスッと
こちら側に入って来る「間合い」の妙

大場の自宅の近所には、なんと某外車を日本一売る！セールスパーソンが活動している。どちらかというとチャラチャラしたタイプの彼を当初は敬遠していた。

「彼はもちろん、僕にもアプローチをかけてきました。期末の時期なんて、どんなに朝早く出かけても、どんなに夜遅く帰っても、それを見計らったかのように後を付いて来て薄明かりの中『大場さ～ん』と声をかけてくる。『じつはウチ、十二月決算で数台足りないんですよ』『そんなのお前の都合だろ』という調子で、五～六年は適当にあしらっていました。でも、なにしろ日本一ですし、僕のマーケットでもある地元の経営者の多くが、彼からクルマを買っている。何でこの男から？　その理由はどこにあるんだろう？　と、僕は僕で気にはなっていたのです」

あるとき、彼はこんなアプローチをしてきた。「いろいろな社長から大場さんの話は聞いていています。大場さんを顧客にしたら、お前も一流だって言われているんですよ。

僕、大場さんのこと、すごく気になるんです。大場さんのこと知りたいんです！　だから、今年こそ大場さんに一台乗ってもらいたいです！」

「そう言われて、単純な僕は『あれ？　正直、嫌な気はしなかったな……』と、二、三日ずっとそのセールスの仕方やトークを考えてしまいました。『意外にストレートでも誠意は伝わってくるな……』『そうか、これなのか！』と思いました。物怖じせずにスッとこちら側に入って来て、この相手にはどこまでなら許されるのかのサジ加減を絶妙に測る。ややもすると姑息とも思える間合いのテクニック。しかし、そんなところに可愛げを感じて、経営者たちがみんなファンになるんだなと。僕もオヤジ世代の経営者には、あえて隙をつくって甘えさせてもらうところがありますから、共感できるものがあった。気が付くと、嫌いなはずだった彼からクルマを買っていました。やんちゃで隙が多い部分もありますけど、その未熟ながらもシンプルにアプローチする姿勢も、相手の心をくすぐるのでしょう」

勝ちにいこうとせず、まず自分から脱いで素を出す

目指している究極のセールスは『しゃべらない営業』という大場。ニコッと笑った瞬間に、「あ、こいつに全部任そう」という心・技・体すべて揃った空気をまとっている。一〇年後にはそんな領域まで到達したいと考えているという。

「うまくいかない若手の営業マンって、その逆ではないでしょうか。相手を引き付けたいあまりに、その場で必要とされていない知識も総動員して、無理してしゃべっている。しかも、頼られようなんて思っているんじゃないですか。それって、経営者の方々にはおこがましい話で、よほどのモノを持っていないと、彼らから頼られるなんてことにはなりません。いろいろなことをしゃべるし、プライドも高い。だから『お願いします』の一言が素直に言えない」

勝ちにいこうなどと思わず、武装せず、そのまま素を出したほうがいい。相手の話を十二分に聴くことが大切、と大場は強調する。「当たり前ですが、お客さまが主役

で、我々は最後までスペシャルな黒子、スター・ウォーズにたとえるとC-3PO、R2-D2です（笑）」とのこと。

「相手から生命保険のご契約をお預かりすることは私の仕事だし、いつなにが起こるかわからないので早く加入していただけるほうがお互いにハッピーなんです。でも、そこには大切なお金も絡むし人間同士だから損得とか好き嫌いとか、いろいろな殻をまとってお客さまは当然身構えてくる。若手の営業マンにはこう言うんですよ。『お前さ、たとえばサウナに入るとき、みんな裸なのに自分だけスーツ着ていたらヘンだよな。まずお前から脱がないと、向こうも脱いでくれないよ。パンツもなにもかも全部脱がないと、いい情報は入ってこないだろ』って。若い人って、実は素の自分の中にあるその人にしかない個性や魅力に気付いていない人が多いのではないかと思います。人にはいろいろとチャームポイントがあるものですからね」

社長相手でも「素のままの自分」で飛び込めるか

根が臆病者だから、一度沈んだら上がってくる自信がないという大場。だからこそ、波が小さなうちに手を打つ。

「そろそろヤバイぞと思ったときほど、気分を入れ替える為に敢えて早く寝る。『きっと乗り切れるぞ』と自己暗示をかける。そして、はずみをつける為にそのときいちばん元気そうな人に会いに行きます。すると、察してくださる相手もいまして、『なんやお前、また調子悪くなったんか?』『はい、今日は甘えに来ました』っていう感じですね。オヤジ世代の経営者の方って、後輩たちが甘えに来たとき、困ったときに『なんとかしてやろう』という気持ちがある。もちろん、出入りのただの保険屋さんという関係性では相手にされませんから、ふだんからできるだけマメに通ってお話をして、いろんな情報を持って来る人間だと認めていただかないと

▶執務ブースには多くの表彰品や記念品が飾られている。

ならない。当然、日頃の礼儀と勉強が欠かせないのは言うまでもありません」

そうした経営者との付き合いにおいて、大場には心がけていることがある。

「いつでもどこでも、相手の肩書きに関係なく接することです。いい意味で自然体でいることです。肩書きがすごい人の前ではへりくだり、そうでない場合には横柄でいるなんて、みっともないので、誰にでも同じように礼儀を尽くすスタイル。商談相手ではない第三者、場合によってはお茶を出してくださる事務員さんに好かれるかどうかにも、セールスパーソンの真実が表れます。逆に言うと、社長様からは『俺にそんな本音をズケズケ言う保険屋はお前一人だ（笑）』と言われてもいいぐらいのスタンスをいかにつくれるかが大事だと思っています」

No. 16

海外赴任中の顧客へのサプライズ営業はインパクト大

佐野正寿

［横浜西支社 1962年生まれ／前職：医薬品メーカー］

佐野正寿は、ライフプランナーに転身する一九九七年まで、外資系医薬品メーカーのＭＲ（医薬情報担当者）として、大学病院などを担当していた。現在は自宅を構える那須塩原市を拠点としてセールス活動を展開。横浜ランドマークタワーの支社でのミーティングに合わせてスケジューリングし、全国行脚をしている。

「田んぼのある田舎に暮らし、ときには田んぼの草刈りを手伝いながら営業もこなす。サラリーマンを続けていたら、なかなかできないライフスタイルですよね」と、語る佐野は、少年時代から音楽を続けており、美大出身で絵を描いてきた奥さまと田園生活を楽しんでいる。スタジオとアトリエをシンメトリーに配置した住宅の建築は、自己実現の象徴であると同時に、もう一つの意味を持つ。

「じつは大学時代にも、楽器を鳴らせる部屋を与えてもらったのですが、父が株式投資などの失敗で自己破産してしまい、家もクルマも退職金も、なにからなにまで失いました。解約を強いられた生命保険のことも、心に強く刻み込まれています。僕にとって自分の城を築いて維持していくことは、親父の分までリベンジしているようなものなんです」

そうしたさまざまな逆境も武器と捉えて、得意とする医師マーケットでは、医師たちが抱えるさまざまな生活上の悩みの良き相談相手にもなっている。逆境克服で得た知恵と自信が、医師たちにとってなによりも頼もしく映るらしい。

勝手に〝師〟と決めた先輩を一泊二日で質問攻めに

入社した初月に、前職で付き合いのあった勤務医約四〇名に転職のあいさつをして回った佐野。大半の方から生命保険を預かることができ、さらにはご紹介もしていただき、順調な滑り出しとなった。

「僕は本当にラッキーで、前職が同じ製薬会社出身者や、同じ大学病院を担当していた医療業界の方々に相談できる環境でした。特にKさんという他支社の先輩とは、前職時代にゴルフで同じ組になったというご縁もありました。二年目を迎えて開業医さんや医療法人のマーケットにもチャレンジしてみたいと思って相談したとき、Kさんはこう言ってくださったんです。『焦って拡げなくてもいいよ。勤務医さんとのお付き合いが佐野ちゃんの財産だから、まずはそれを大切にしないといけない。その先生たちが将来、開業されたり、病院の中核に成長されたりして、おのずとマーケットは拡がっていくものだから』と。まさにその後は、Kさんの言うとおりになっていきました」

医療業界の紹介をできるだけもらうようにして、勤務医、看護師、放射線技師……とつながり、先輩からも関連のある士業の方々を紹介してもらいながら、セールスパーソンとしてのブランド力ができあがってきた。

「プルデンシャル生命にはさまざまな業界経験者がいますが、医療でも不動産でも金融でもメーカーでも、前職の専門用語が通じる相手なら打ち解けやすいし、マナーやルールがわかっているので余計なストレスもかかりません。新しい世界を拡げることも大事ですが、積み重ねてきた領域のさらなる深い追求もありですよね。生命保険の業界に限ったことではないと思いますが、自分がこれから切り拓いていきたい道を、すでに歩んでいる先輩っているじゃないですか。私の場合この人だと勝手に決めて（笑）、Kさんに弟子入りしたのです。先輩の年間実績のグラフを自分でつくって、『この月だけグンと伸びているのはなぜなのだろうか？』と、研究もしました。会社の行事で地方へ行くときに新幹線もホテルも全部手配させてもらって、一泊二日で質問攻めにしたこともあります。食後もバーに誘い、疲れて寝ているのを起こしたりして、会社のテキストブックには載っていないことを徹底的に教えてもらったんです」

お礼状には命を吹き込む

預かった契約継続率の高さには定評のある佐野。それを支えるのは、入り口となる保険設計の確かさと、アフターフォローに他ならない。顧客への郵送物などにも、ひと工夫している。

「自分がダイレクトメールをもらう立場で考えたとき、事務的な素っ気ないものってロクに見ないで捨ててしまうじゃないですか。そこで私は、少しでも命を吹き込めたらいいなと考えています。たとえば、お礼状には、京都・黒谷の和紙を使ったりします。黒谷さんというと京都では金戒光明寺のことをいうのですが、ここには私の祖先の眠るお墓がありまして、私にとっては大切な地です。そんな黒谷に関連付けて自分のルーツを知っていただいたり、ご興味ある方には会話の糸口になったりもします」

相手の印象に残るインパクトのあるアフターフォローなら、義務感ではなく、

▶長期継続率（10年）が高い佐野に送られた表彰の盾。

自分も楽しめるから継続しやすい。医師マーケットならではの、サプライズフォローもあるという。

「医師の皆さんの中には、海外の大学や病院に研究などの目的で赴任されるケースがありますが、そこへお邪魔させていただいたりするんです。私も業界団体や会社の行事などで、年に一、二回は海外へ行く機会があります。現地で周りの同僚に『じゃあ、ちょっと行って来ます』と飛行機に乗って、海外赴任中のお客さまを訪ねる。『ホントに来てくれたんだ！』と驚かれますし、帰国してからも海外赴任中の話で盛り上がったり、ちょっとした特別な親近感みたいなものができたりします。海外赴任中にお子さまが生まれ、その際の入院給付金の手続きをさせていただいたこともあります。もちろん、こうした訪問や和紙のお礼状は手段に過ぎません。目的は、ご自身の保険内容やニードを再確認していただくことであり、こちらもお客さまの状況変化を把握しておくことがなによりも大切だと思っています」

大切なのはやり方ではなく、考え方

「伸びている人と伸び悩んでいる人の違いは?」という問いに、「自分を持っているか持っていないかです」と佐野は即答した。

「うまくいかない人というのは、外からの影響を受け過ぎる。自分の内面もわからないまま、高いところだけを望んでいる。たとえば、セミナーやセールス本で学んだことを一生懸命聞いて実践してはみる。だけど、自分にフィットしないことをやっていても、お客さまから見たら『本当はやりたくないのに、なにをそんなに無理しているの?』と見抜かれてしまう。私は、強いクロージングをやりません。というより、できません。自分がお客さまの立場だったら、セールスパーソンが帰ったあとにクールダウンして判断したいと強く思っているからです。一日も早くご契約いただくほうが安心につながるのはわかっていますが、訪問を三回四回と重ねることで、納得してご加入いただくようにしてきました。もちろん、そのやり方をお客さまが望んでいるかどうかが大事で、すぐにお預かりできるときもありますから、些細な反応までも注意深く見守り、見極めたいと思っています」

一方、「自分のやり方や生き方について、誰になにを言われてもいい」という、ブレない立ち位置を持つ頑固さもときには大切だと佐野は言う。

「たとえば自分にとってよくないと思っていても、その問題解決をしないままの人は少なくないのではないでしょうか。自身の問題を棚上げしたままの人間に、お客さまの問題解決などできないと僕は思います。自分の人生観や考え方に軸を持たせて、人生のランドスケープを描く。その上で、お互いの生き方に共感できる人たちと歩めたらいい。ビジネスにおいて起業したり開発したりする原動力も、現状への問題意識が共通する人たちが一緒に活動していくものです。お客さまとの関係でも同じではないでしょうか」

顧客には、佐野自身の離婚や父親の自己破産、祖母の土地を相続できなかった話、那須に住んでいる理由などを通じて、人生観や考え方を伝えることもある。すると、「じつはウチも悩んでいてね」と、相続や夫婦仲、生き方について相談されることも少なくない。自分の実体験を交えて、ときに遠慮なく言うからこそ、問題が小さいうちに解決して感謝されたりもするそうだ。

家族の全員から応援してもらえる状態をつくって後輩を支援

社内の師弟制度に手を挙げ、自分なりのやり方で後輩たちをサポートしてきた佐野。「社内にはスーパーセールスパーソンがたくさんいて、自分は足元にも及ばない。そんな人たちから情報をもらって、周りに伝えることをしているに過ぎない」と説明する。

「生命保険の仕事は、始めた以上は簡単に投げ出せるものではありませんから、みんな自分なりに頑張っている。そういう仲間を応援したいという気持ちは僕に限らず、ウチの会社は誰もが持っています。『社内のセールスコンテストなどのイベントには、上手に参画できるレベルにしていこう』と後輩には言います。そうしないと、あえて前職のキャリアをなげうってまで転職した意味がありませんから。でも僕は、なにもかもを犠牲にして仕事人間になるのではなく、まずは自分と家族が幸せという基準値でいいのではないか、という考え方です」

佐野が師匠としてハッパをかけた後輩の一人は、じつに八年ぶりとなる年間セールスコンテストへの入賞を果たした。

「じつは簡単だったんですよ。なにしろ僕がやったことといえば、その後輩の奥さまとお子さんとのメール交換くらいですから。お父さんの活動内容を随時ご家族にメールでお伝えし、どんなことで悩んでいるのか、どうして土日も夜遅くまで仕事をしているのかを、理解してもらえるようにしました。家族の全員から応援してもらえる状態をつくろうと思ったのです。期末が近付いた頃には『お父さん、あと何件なの？』『期末まで遊ばなくてもいいよ！』『私の目標はこれ！』ってお子さんが無邪気にマネジメントしていました（笑）。お父さんとしては和むし励まされて、知らず知らず力になったようです。入賞が決まって祝賀会を開いたとき、お子さんが涙で声を詰まらせながらお父さんに向けて感謝状を読みあげたことは忘れられない出来事になりました」

◀執務ブースに飾られる芸術的な一枚。

No 17

自分も商品も解決策も売らない、まず「問題」を売る

木下能成

［千代田第四支社 1959年生まれ／前職：バイクメーカー］

木下能成は、プルデンシャル生命が日本で営業開始して三か月目に入社したベテランだ。ライフプランナーになる前は、東証一部上場のバイクメーカーで働いていた。

「営業と名の付く部署でしたけど、教わったのはセールステクニックではなくて、バ

イクの積み方でした（笑）。崩れにくいロープの縛り方だったり、いろいろな職人技があるんですよ。最初は『どうしてこんなことまで俺がやらなきゃいけないのか（怒）』って思いました。でも、うまくなると、これまた楽しいものなんです」

二六歳のとき、取引先の販売会社へと引き抜かれた木下は、バイクメーカー時代に担当した海外子会社のマネジメント経験を見込まれ、零細企業を「会社らしくする」任務を命じられた。その中のひとつ、コンピュータシステム導入というチャレンジが、プルデンシャル生命でも活かされることになった。ライフプランナーとしてセールスをする傍ら、法人保険の設計プログラムを自分でつくってしまったのだ。

「当時はいまと違ってシステムも整備されていませんでしたので、プログラムを組んだのです。仲間たちにも貸したりしているうちに社内に広まって、会社のシステム開発にも関わることになりました。最近もいろいろなシステム開発に参加して、遠慮なく注文を付けさせてもらっています（笑）」

無報酬のシステム開発に、セールス以上の時間を割く年度もあったという木下は「こんなに没頭するなんて」と自ら呆れながらも、職人のようなこだわりを楽しんでいる。

そんな木下の営業は、ストレートでど真ん中を貫く。策に頼らず、いつも正面から相手に語りかける正攻法のアプローチから基本の大切さがあらためて見えてくる。

セールスが売るべきものはなんなのか？

セールスの究極は「自分を買ってもらうこと」であり、「商品ではなく、自分を売り込め」などとも言われる。しかし、木下の考えは少し異なる。

「初対面でいきなり、『自分はこんな思いでこの仕事を選んで、こんな夢を持っています』という暑苦しいトークをされても、お客さまにしてみたらどうでもいい話ですよね（笑）。もちろん私だって、自分のことをお客さまに知ってもらいたい。ではどうやるのかというと、商品である保険を介してでなければなりません。自分がどうのこうのではなくて、保険について私はこう考えているという話の中で、信用を勝ち得ていくのです。余計な話で盛り上がったりすると、せっかく保険のほうを向いてくれているお客さまの気持ちが逸れていってしまいます。ですから、最初の一五分は世間話をするという人もいますが、私はいっさいしません。『お忙しいと思いますので、早速ですが保険のお話を……』というごあいさつだけで、席に着いた一五秒後には保険の話を始めています」

では、セールスとは「すぐに商品を売り込むこと」か、というと、そうではないと木下は言う。

「商品ではなく解決策を売るという言い方もされますが、その前に解決の必要性に気付いてもらわないとなりません。つまり、セールスパーソンはまず問題を売るのです。ある会合でSell the problem, not productと教わりました。たとえば『旦那さんがなくなったらどうしますか?』と奥さんに尋ねると『実家に帰るから大丈夫です』と答える。『実家にお部屋はありますか? 失礼ですけど、妹さんが離婚して先に出戻っちゃうなんてことはありませんか?』。こう言うと、苦笑しながらも『それは考えたこともなかったです』と返ってくる。気付いていなかったリスクを認めた、問題を買ってくださった瞬間です。問題を売るというのは、保険に限った話ではありません。『コピー機はいりませんか』ではなく、『紙詰まりやネットワーク対応などお困りのことはありませんか』とアプローチしますよね。とくに私たちの場合は形のない商品ですから、問題しか売るものがないわけです」

いつでも、どこでも、誰とでも、同じ話を堂々とできるか

入社したばかりの頃、上司が冗談めかして言った自慢話が、いまも木下の印象に残っている。それは「俺なんてさ、山手線の中でも商談できるぜ」というものだった。

「そのココロは、いつでも、どこでも、誰とでも、つねに同じ話をしろということ。相手によってとか、場所によって話が変わるよう

▶「長いキャリアの中では、急に売れなくなったり、逆に売れるようになったりという〈潮目〉のようなものがある。セールスパーソンは、デスクでじっとしているのではなく、手紙を書いたり電話をしながらも、つねにその〈潮目〉を意識してマーケットの中にいることが重要」と言う。

じゃ、それはプロじゃないと。当時の私は『そんなつまらないのがプロなわけはない』と、納得できませんでした。むしろ、Aさん、Bさん、Cさんと、華麗に話を変えて、意のままにモノを売ることこそがセールスの醍醐味だなんてイメージを持っていましたから。でも、プロや職人という世界に目を向けてみると、料理人でいえば、仕入れとか天候とかの条件が変わっても、いつも同じ味を出せる人が本物です。『いくらプロの板前でも、風邪をひいたときは味見もできないでしょう？』と思うのはまだ素人で、『いやいや、俺は味見しないでもわかるから』という話なのです（笑）」

いつでも誰にでも同じ話をすることには、仕事を長く続けていく上で欠かせない効果もあるという。

「同じ話をしていないと、セールスの結果がダメだったときの分析ができなくなります。違う話をしていたら、なにが悪いのかわからないままになってしまう。いつもどおり、自分がやることは全部やりましたということなら、『たまたまお客さまとの相性が悪かったんだ。深く考えて、引きずる必要はない』と判断できます。逆に、うまくいかないとすぐにセールストークをコロコロ変えちゃう人がいますけど、典型的な悪循環のパターンです。自己分析ができないまま、売れている人の話を聞いてきて、ただモノマネをしてみる。『売れないからこのシナリオを』『売れないからこの資料を』と言ってどんどん変えちゃう人は、確実に売れていません。セールスに『上手・下手』があるとしたなら、いつでも、どこでも、誰とでも、同じ話を堂々とできるか否かが境目になると思います」

売れない要因は見込み客を大事にしすぎるから

木下は、「売れる人と売れない人の違いは、見込み客に対する考え方に現れる」と話す。

「売れている人はお客さまから紹介をいただいたら、すぐにアポをとって商談をまとめに入りますから、その時点で見込み客がいなくなります。ところが、売れない人は仕事がない自分が不安でたまらない。その不安を紛らわせるために、見込み客リストを潰さない。アポイントもとらずに、とっておくわけです。あるいは商談に入ったとしても、なかなかクロージングをしない。相手が『少し考えさせて』と言ったら、むしろ歓迎したりする。『近くに来たので寄りました』と言って、頼みもしない提案を繰り返し行う。いつまでも引き延ばして、仕事をしている気になっているんですね。しかし、ご契約を預かって保障を提供できていないのですから、保険セールスとしての仕事はまだなにもできていないわけです」

売れない人は、不安の感じ方がズレているのではないか。不安はあっても、それは単なる恐れであって、またその不安との付き合い方も下手なのかもしれない。そんなふうに木下は考えている。

「本当の意味での危機感がないのでしょうね。フルコミッションのセールスパーソンでも、自営業の方でも、食えるか食えないかという危機感があるから、どうやって力を付けようか必死に考える。トップセールスの仲間たちと会うと、みんな一様に不安を口にしてい

◀木下が手がけた、セールス支援システムのプログラム画面。

ます。『見込み客がいない』『半年先は真っ暗闇』『売る商品がない』って。でも、一方ではすごく能天気なんですよ。本気で危機だと思っているけど、お客さまから電話が入ってきて『紹介したい人がいるのだけど』と聞いた瞬間『保険って売れるなぁ』とか嬉しそうに言っていますから（笑）。危機感との付き合い方がとても上手なのでしょうね。セールスに向き合う緊張感を高めたり、自分の気持ちをリラックスさせたりできる。もちろん、やるだけのことは精一杯やっているという自信が、楽観的なものの見方につながるのだと思います」

第四章

「小さな気配り」で勝つ

No. 18

出されたコーヒーにはまず手をつけるという理由

中村将幸

［大阪支社 1968年生まれ／前職：商社］

中村将幸は、前職では繊維商社で、スーツやネクタイなどの輸入元がある欧州を飛び回っていた。十数年前、ある生命保険会社から話を聞いた際、何度も名前が出てきたプルデンシャル生命のことが気になり、最寄りの支社まで自転車で駆け付けて話を聞いたのが転職のきっかけだった。

「入社式では同期が二七人いたんですけど、『あいつ誰やねん。あんな真っ青なスーツに真っ青な眼鏡』と言われて、浮きまくっていました。前職でイタリアナイズされていたからでしょう。スーツやシャツこそまともになりましたけど、いまでも靴とカバンは茶色系です。でも、だらしない印象にはなっていないつもりです。僕は夏場のクールビズ期間でも、ミーティングに出る際はかならず上着を着ていますから。自分の中で人の話を聞くときのマナーだと決めているのです。お客さまから『暑苦しいから脱いで』と言われることもあります。でも僕は脱ぎません。涼しげな顔をしていられるのは、社内でも一貫して脱がないから。世間がクールビズだカジュアルデーだとか言っても、僕は断固として流されない。みんなと同じようなことをしてたらダメ！という話です」

転職には両親も友人たちも猛反対する中、奥さまだけが賛成して応援してくれたという。捨てて来たものが大きいだけに、「絶対に失敗はできないという覚悟で、ひたすらマメに生真面目に、自分の信念を大切に活動してきた」と語る、中村の営業を見ていこう。

行き当たりばったりの飛び込みでなく、徹底調査して飛び込んでみる

ある程度のキャリアを積み、ご紹介をコンスタントにいただけるようになってからも、あえて「飛び込み営業」をした時期もあったという中村。そこには、彼らしい生真面目な理由があった。

「飛び込み営業をすることで、紹介をいただくことがいかに大事か、いかにありがたいかがわかるんですよ。紹介いただいて行く場合はもう、お膳立てされているんです。座布団が敷いてあるんです。アポイントすら、自分でとらなくていいケースもあるわけです。でも、飛び込みだったら、いきなりなんて絶対会えない。受付で門前払いが当たり前ですからね」

中村の飛び込み営業のスタイルは、余った時間に行き当たりばったりに飛び込むの

ではなく、「この人の担当になりたい」と思った相手の情報を下調べした上で、アプローチをする。持ち味のマメさが存分に発揮されるところだ。

「アポイントにどうこぎつけるか。まずは自分のことを分かってもらうために、家族構成や住まい、この仕事に対する思いや考えを書いて、経営者や個人の方に手紙を出す。後日、電話を入れて会ってもらいます。すぐに結果の出るケースもあれば、三年がかりでお客さまになっていただけたケースもあります。とくに数年越しでアプローチしているお客さまには『生命保険にご加入いただきたい』ではなく、『どうしてもあなたの担当者になりたいんです』というこちらの思いが出て、それがお客さまの琴線にも触れる。僕から入ってもらっているという担当者意識が強ければ強いほど『お役に立ちたい！』という思いも強くなり、それがお客さまにも伝わることで、きっと付加価値を感じていただけると思うのです」

◀顧客を訪問する際のカバンと靴は、セールスパーソンに多い黒ではなく茶色。前職の繊維商社の頃からのこだわり。

出されたコーヒーを飲まないことはなにを示しているのか？

入社二年目のこと。自分自身の会計業務と法人開拓のための支援者を探していた時期に、中村はある会計士と出会った。

「一〇歳上で、道徳観や価値観も尊敬できる人生の師匠！　まったく偶然ですけど、義父が経営するスーパーも担当していたという不思議なご縁もあって、いまも公私ともにお世話になっています。僕はとにかく保全をマメにやるので、その会計士さんから紹介していただいたお客さまからは『中村君なら顔を出して近況を聞いてフォローしてくれているよ』と言っていただけます。くれぐれも、会計士さんの評判を落とさないように注意しています。また、紹介されるにふさわしい人物にならないと、百戦錬磨の経営者の方には一発で見透かされてしまいます。紹介者の影響力だけでは通用しません」

そのことを痛感させてくれたのは、出会って間もない頃に会計士が同行させてくれた医療法人の理事長だった。つい最近、その理事長が亡くなったのを機に再訪問し、息子である現・理事長から契約を預かったが、先代からは見向きもされなかったという。

「法人顧客へのコンサルティング経験もなくてガチガチに緊張していまして、先代のお話も聞かずに、こちらから一方的に生命保険の話を延々としてしまったのです。会計士さん任せではなく、ライフプランナーとしての存在感をアピールしないといけない。そんな思いばかりが前に出てしまいました。帰り道で会計士さんに『なんでダメだったのでしょうか？』と聞いたら、こう言われました。『中村君、出されたコーヒー飲まんかったからや』。『えっ、どういうこと？』って話ですけど、僕のゆとりのなさやプロとしての未熟さを象徴しているわけです。一二年前のことですけど、深く反省しましたね」

アポの前日には確認電話、面談のあとには紹介者への報告電話

新人時代には、いわゆるドタキャンに泣かされた場面もあったと語る中村は、同じことを繰り返さないようにと、ちょっとした工夫をしてきた。

「紹介いただいた見込み客の方に、『明日のご都合は大丈夫でしょうか？　お時間取っていただいてますか？』と、前日にアポイントの確認を取る。これは習慣化して、いまでもやっています。初めてご連絡した際に『アポの前日にはかならず連絡を入れますので、ご都合が悪ければ変更してください』とお伝えしておくわけです。同僚にも『直前にドタキャンされたり行っても会えなかったりするより、前の日にキャンセルされるほうがいいだろう』と勧めています。電話一本の手間を、惜しむか惜しまないかだけの話です」

こうして見込み客と会って初回面談を終えたあとにも、中村はもう一本の電話を欠かさない。それは、紹介者への報告だ。

「ないがしろにされるケースが少なくないようですが、紹介者を尊重するスタンスは大事です。契約に至った、あるいは至らなかったあとに、結果だけ報告する人がいる。でも、紹介者の立場からしたら、『どうなってるのかな』って、ご心配されているんですよね。こちらから逐一お電話することによって、感謝をお伝えするという礼儀。それって当たり前のことじゃないですか。契約をお預かりして帰社後に事務作業に追われたとしても、翌日には電話するというスピード感で、僕はいつもお礼を申し上げています。『ありがとうございました。担当者にならせてもらいました。おかげさまです。いいご縁をいただきました』って」

「自慢新聞」とも呼ばれるニュースレターを年に二回は発送する

社内で活躍している同期たちも「あいつには敵わん」と舌を巻くのが、中村の徹底したマメさ。彼自身顧客の保全にかけては自負がある。

「仲間うちでは『それはお前、自慢新聞じゃないか』とからかわれていますけど、『今年も表彰を受けました、元気よくやってます！』というようなニュースレターを年に二回ほど、ご契約者全員にお送りしています。年賀状に埋もれてしまわないように、一回はクリスマスシーズンです。全部は読まれなかったとしても、『いつもなにか届いているな』という印象だけでもいいと思うのです。読んでくださった人には『自分の担当者は頑張っている。これならまた紹介できるな』と感じていただける。いわば自己ブランディングです。年三、四回の海外出張先からのハガキをお送りしているお客さまもいます。そんなことを細かくやっているので、『誰が担当やったかな？』と、名前を忘れられることはまずありません」

中村の契約者は約一五〇〇名。一日一件ずつ回っても全員をカバーするには五年かかる。とはいえ、レターだけでは一方通行になってしまう。そこで中村が入社一一年目から始めたのが、バースデーコール。「おめでとうございまーす‼」という元気な声と共に、電話口でパチパチと拍手するそうだ。

「入社一年目から一〇年目までは、バースデーカードでした。『お元気ですか、何々君も小学生ですね』『お仕事どうですか』というフレーズを添えてお送りしていました。でも、お客さまの声を生で聞かないといけないなと思ったんです。人間はラクなほうに行きたいですから、いまならメールという手もある。でも、電話のほうが心に残ります。じつはいちど、間違ってかけた番号に留守番メッセージを入れたことがあるのですけど、相手の方からお電話をいただきました。『お間違えになってますけど、でも、こんなサービスまでされてるなんて、プルデンシャルさんって素敵な会社なんですね』って、宣伝効果もあるわけです（笑）。ご契約者は一五〇〇名ですから、毎日四～五件はかならずかけます。海外からは時差も考えてお電話します。その中で『生命保険を見直したい』『紹介したい人がいる』『じつは解約したい……』と、プラス・マイナスいろいろな情報が入ってきます。ご解約であれば、僕には言いづらくてカスタマーサービスセンターに連絡されるケースもあるわけですから、その理由を自分の耳で聞けるというのは、その後にもつながるいいことだと考えています」

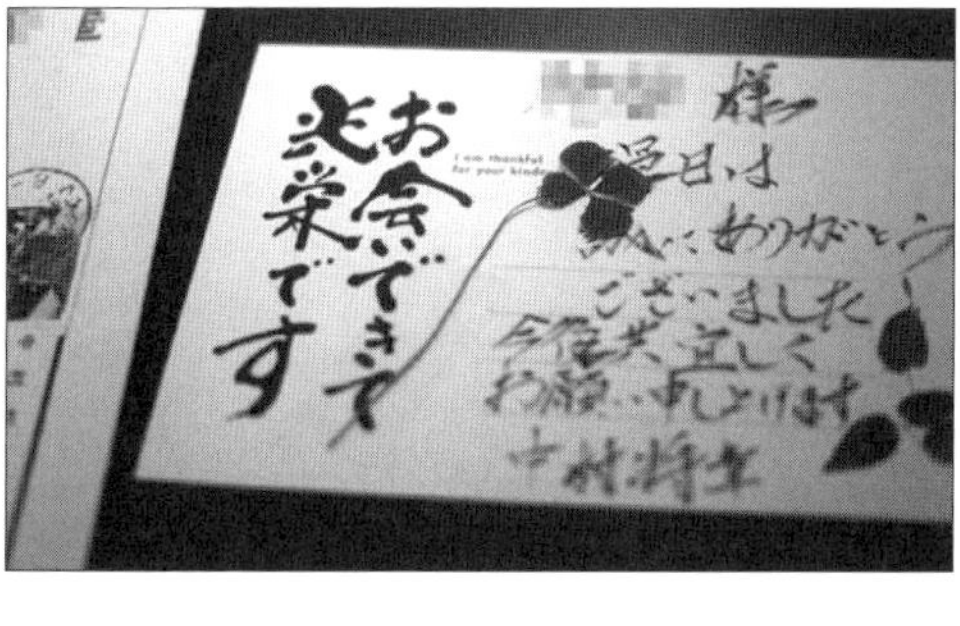

◀礼状や手紙には、直筆のメッセージに加えて、アシスタントが栽培した四つ葉のクローバーを同封。受け取ったお客さまや同僚たちから「感動した！入手法を教えてほしい」と好評だ。

No. 19

お客さまは商品だけを買うのではない。営業も商品だけを売るのではない

川田 修

［東京第五支社 1966年生まれ／前職：人材・情報サービス］

川田修は、『かばんはハンカチの上に置きなさい』『知識ゼロからの営業入門』『仕事は99％気配り』など多数の本の著者でもある。一九九七年にリクルートからプルデンシャル生命に転職した理由は、ある方からの紹介で自宅を訪ねてきたプルデンシャ

ル生命のセールスパーソンの、ちょっとした気配りにあった。

「初回の訪問で、商品の説明はいっさいせずに、私が毛嫌いしていた保険の必要性をわかりやすく説明してくれました。それだけでも好印象だったのですが、見送りのときに驚かされたのです。玄関で靴べらを差し出す私に『けっこうです』と言うと、スーツのポケットから携帯用のマイ靴べらを出して素早く靴を履き、颯爽と玄関を出ていく姿。さらに、帰り際に書いたのであろう直筆の礼状をポストに見つけたのは翌朝のことです。その所作と気配りに一流のオーラを感じ、私はすっかり彼のファンになってしまいました」

気配りの素晴らしいセールスパーソンに惹かれてプルデンシャル生命に入社した川田は、その先輩や多くの売れている先輩たちから学び、小さな気配りを重ねて、独自のスタイルを築き上げていった。アンテナを研ぎすませ、相手の気持ちに自らをチューニングするアプローチ法をはじめとして、川田がこだわる営業の流儀を見てみよう。

売れる方法は簡単。――徹底して売れている人のマネをする

優秀なセールスパーソンになる秘訣とはなにか？　この問いかけに対する川田の答えは明快だ。「売れているセールスパーソンのマネをするのが一番です。私も最初はそこからスタートしました。個人宅でスマートに靴を履けるマイ靴べらや、対面したお客さまの向きに合わせて書く逆さ文字。多くの優績者たちのマネをすることで、セールスの成績を上げてくることができたのです」

先輩ならまだしも、同期や後輩のマネをするのには抵抗を覚える人もいる。そんな人はどうすれば良いのだろうか。

「自分が下に思われるのが恥ずかしかったり、悔しかったりして、マネをしない人が多いのはたしかです。たとえば先輩に対して、本当は『そんなことも知らないのか』と怒られるのがコワいのに、『先輩は忙しそうだから聞くのはやめよう』と理由をつけて自分を正当化してしまう。こういう見栄や言い訳にしかならない小さなプライド

は捨ててしまうことです。仕事を通じて成長したい、成功したいという大きなプライドを強く持つことができる人であれば、そのときなにが必要なのか、おのずとわかるはずです」

断られることも〝楽しみ〟に変えてしまう

セールスパーソンにとって小さなプライドがやっかいなのは、優秀な人のマネを素直にできないことだけではない。電話営業の際にガチャ切りされて、落ち込んでしまう人も多い。

「相手に断られることはセールスという仕事を選んだ以上、誰もが経験することです。どんなトップセールスたちも、同じ道を通ってきました。しかし、お客さまが拒否したのは商品や業界に対するイメージであって、セールスパーソン自身ではありません。小さなプ

◀電車やオフィスの床に置く営業かばんは土足と同じ。個人宅のリビングではハンカチを敷く。

ライドはうまく捨てていくことが、この仕事を長く続けていく秘訣です」

とはいえ、やはりアポ取りの電話は経験を積んだベテランであっても勇気のいる作業。断られることが続くと、なかなか次の一本がかけられないのではないだろうか。

「私は新人の頃、アポ取りで断られた回数を正の字でカウントしていました。一〇〇までいったら、達成のご褒美として美味しいものを食べに行く。すると、アポが取れても取れなくても、目標に近付いていてハッピーな気持ちになります。仲間と競うのも効果的です。『お前、もう五〇か、すごいな！』『なんだ川田さん、まだ三〇ですか』と断られた数を競いながら、プラス思考で楽しんでしまうわけです」

自分の方を向いていないお客さまに波長を合わせる

見込み客に断られる原因の一つは、顧客の気持ちを考えずに、自分の気持ちだけで話を進めてしまうこと。つまり「双方のチューニングが合っていない」と川田は言う。

「たとえばコンビニは売りたいお店に買いたい人がやってくる。チューニングが合っている状態です。でも保険セールスをこちらから持ちかける場合は、お客さまが商品がほしいというケースはあまりありません。だから、『保険は嫌い』といきなり拒絶されることもあるわけです。そうした場合、私はお客さまに、こう答えます。『ですよね、そうおっしゃる方けっこういらっしゃるんです。でもどうして、保険が嫌いになったのですか?』と。つまり、『保険の話なんて聞きたくない』という相手の気持ちに、チューニングを合わせることから始めるんです」

そして川田は、相手の出身地や学生時代を過ごした街の話から入り、アンテナを研ぎすませて会話を重ね、波長を合わせながらさらに進めていく。

「相手が経営者の方ですと、初回の訪問時はまったく保険のことなんて考えていません。それよりも、私のセールススタイルや、会社のマネジメントの話を、皆さん興味を持って聞いてくださいます。そうやって、『この人の話は面白いな』『他のセールスパーソンと違うなぁ』と感じていただいた上でこう言うのです。『ところで私の一番の社会貢献は生命保険のお話をすることなので、次回はもう一度お時間をとっていただけますか』と」

小さな気配りを重ねることで、他のセールスパーソンとの差を付ける

川田はなぜ、ここまで気配りを重視するようになったのだろうか。

「前職では、自分の力で売れていたと思っていましたが、じつは会社の看板という後ろ盾がありました。いっぽう転職後は、積極的にほしいと言ってくださるお客さまが少ない生命保険が商品です。その上、プルデンシャル生命という会社も、当時はまったくといっていいほど認知されていない頃でした。となると、勝負できるのは自分自身だけ。小さな気配りを重ねることで、他のセールスパーソンとの差を付けようと、初めはただそれだけを考えていました」

▶多数の営業に関する本を執筆し、韓国や台湾、中国でも翻訳、発刊されている。

相手より長い時間お辞儀をする、お客さまを車で訪ねた際は駐車場のいちばん遠くに停めるなど、川田の気配りはどんどん増えている。

「たとえば時間にして五秒お辞儀をする。これはけっこう長い時間なのです。二秒目までは照れがあったり、四秒目には感謝の気持ちが湧いてきたり……と、深く下げたアタマの中に、いろいろな感情がどんどん湧き出てきます。駐車場で車を停めさせていただくときにしてもそうです。お客さまから『そんなことまで考えているのは川田さんだけですよ』なんて言われたりします。そうすると、もっとなにかできないかと思うわけです。傍から見たら単なる形にすぎません。でも、お客さまはいつも観ているのです。ただ見ているのではありません。営業マンのことを観察して、感じているのです。そして、その営業マンの話を、聞くのか聞かないのか、信じるのか信じないのか、買うのか買わないのか、を決めているのです」

No. 20

年三回のバースデーカードを書きながら思う風景

鎌谷雅彦

[神戸第二支社 1961年生まれ／前職：医薬品卸]

鎌谷雅彦は、一三年間勤めた医薬品卸会社から、一九九五年に転職した。鎌谷がつねに心がけていることが二つある。それは時間やマナーを守る、相手がしてほしいと思うことを小まめにするということだ。

「後輩たちにも、よく言うんです。『交通ルールを守らないとか公共の場で大声を出すような人は、自分をコントロールできていない。まずは社会の一員としてちゃんとしていないと、この仕事は務まらないぞ！』って。支社の中でも、『コピー用紙切れのサインが出ているのに補充しないとは何事か！』『シュレッダーのくずが散らかっているだろう！　なぜ拾わない！』と、口うるさい親父のように注意しています」

ガッシリ系の体格からは容易には想像できないが、こうした細かい心配りや小さな工夫を大切にし、顧客と太くつながっている。

さらに鎌谷は、自らの経験を積極的に後進に伝えていきたいという思いを持つ。そんな鎌谷の目で見ると、中堅と呼ばれるようになったセールスパーソンには、ある共通したぶつかりやすい壁があるという。そんな壁を乗り越えるためにはどうすればいいのか。鎌谷の体験に裏付けられたコーチングで開花したセールスパーソンは少なくない。

ご契約者だけでなく、そのご家族にもバースデーカードを欠かさない

これまで付き合ってきたご契約世帯が約九〇〇軒にのぼる鎌谷だが、すべての顧客にバースデーカードを届けている。しかも、年に一回ではなく二～三回は出しているというが、一体どういうことなのだろうか。

「奥さまやお子さまの誕生日にもお出しするので、ご契約者さま世帯あたり二～三枚。年間で二〇〇〇枚以上、週に四〇～五〇枚になります。カードに印刷するのはネットのフリー画像や旅先で撮った花の写真が多いです。ご主人と奥さまの写真が同じにならないように気をつけています。事務的にはしたくないですし、違う絵のカードが届いたほうが楽しんでいただけるのではないかと考えまして。そうやって一世帯につき年二～三回もカードを書いていると、当時の商談の風景が浮かんできます。でも、そのカードにセールス的なことはいっさい書きません。お祝い事は純粋にしたい。仕事とは絡めたくないのです」

それでも、カードを受け取った契約者のほうから、返信の手紙やメール、電話をもらい別の新規顧客を紹介されることも少なくない。カードの出し方に、なにかコツでもあるのだろうか。

「会社名の郵送物は読まれずに捨てられたりしますが、個人名でお出しすると読んでいただけることが多いようです。もうひとつ、大半のお客さまには誕生日直前に到着するように出しますが、とくにお忙しい何人かのドクターの奥さまには、あえて一週間前に到着するようにしています。すると、ご家庭で話題にのぼりますよね。『妻の誕生日プレゼントを買うのを忘れていたけど、鎌谷さんのおかげで思い出せて助かったよ』と感謝されることもあります（笑）」

◀ご契約者さまとご家族に送っているバースデーカード。写真は自ら撮影することが多いそう。

新人が持つがむしゃらなスピード感を中堅は失いがち

プルデンシャル生命では、トップセールスが後輩たちをコーチングすることもある。自らもコーチ役として数人の中堅セールスパーソンを指導している鎌谷から見た、中堅こそがぶつかりやすい壁があるという。

「中堅と呼ばれるようになれば、ある程度のキャリアは積んでいますから、新規顧客にお会いすることはできます。だけど、自分のペースが固まっているので、スピード感がない。いろいろやっているようでいて、一年間を終えてみると前年とあまり結果が変わらないというのが、中堅にありがちなパターンです。セールス自体は間違っていないのですから、あとは足を早く動かすしかありません。『一か月に一〇人でいいや』ではなく、二〇人三〇人と会うことでしか変えられない。動きを止めないで、まずは身体を動かさなければセールスは始まりません。むしろ新人のほうが、がむしゃらでスピードが早かったりします」

長いスパンの中で多くのスキルを身に付け、目指すマーケットに向けた準備と行動ができるようにコーチングしている鎌谷だが、本当に大切なことは他にあると言う。

「かつての私の知り合いで、資格をたくさん持っているのに、まったく売れずにやめた人がいました。売ることばかりが目的になっていたのです。どんなにスキルを持っていても、マインドが伴わなければ、お客さまに受け入れていただけません。この仕事の行き着くところは、いかに使命感を持ってやれるかということに尽きます。その初心を忘れがちなのも、やはり中堅層なのです」

他社の悪口を言うな

ドクターのマーケットを中心に活動している鎌谷だが、そのマーケットでの競争はさぞや激しいのではないだろうか。

「ご契約をお預かりしている先生から聞くところによると、何人ものセールスパーソンが訪ねてきて、『うちの新商品のほうが安くてお得ですよ』と、他社商品をけなしたりしながら口々に売り込んでくるそうです。でも、考えてみてください。新しい商品が出るたびに保険会社を変えていたら、お客さまにとっては、キリがありません。私たちセールス側にとっても、『利率が何パーセント高い・低い』という勝負にはキリがないのです」

　鎌谷は、たとえばドル建ての商品にご加入の顧客に対してであれば、毎年一定のタイミングで為替相場の案内を小まめにするとか、お客さまが気付いていない新しい要望に先回りして、たとえば相続関連の案内をするなどして、安心して保険を任せてもらえ、役に立てたらと考えているようだ。

「他社の悪口まで言って自分を売り込むセールスも多いと聞きます。ある先生が保険セールスを受けたのは、開業したての頃から付き合いのある銀行マンからでした。『銀行さんにはとてもお世話になっているけど、保険なら鎌谷さんに任せてあるから、必要ありません』。先生がおっしゃると、相手は無理強い

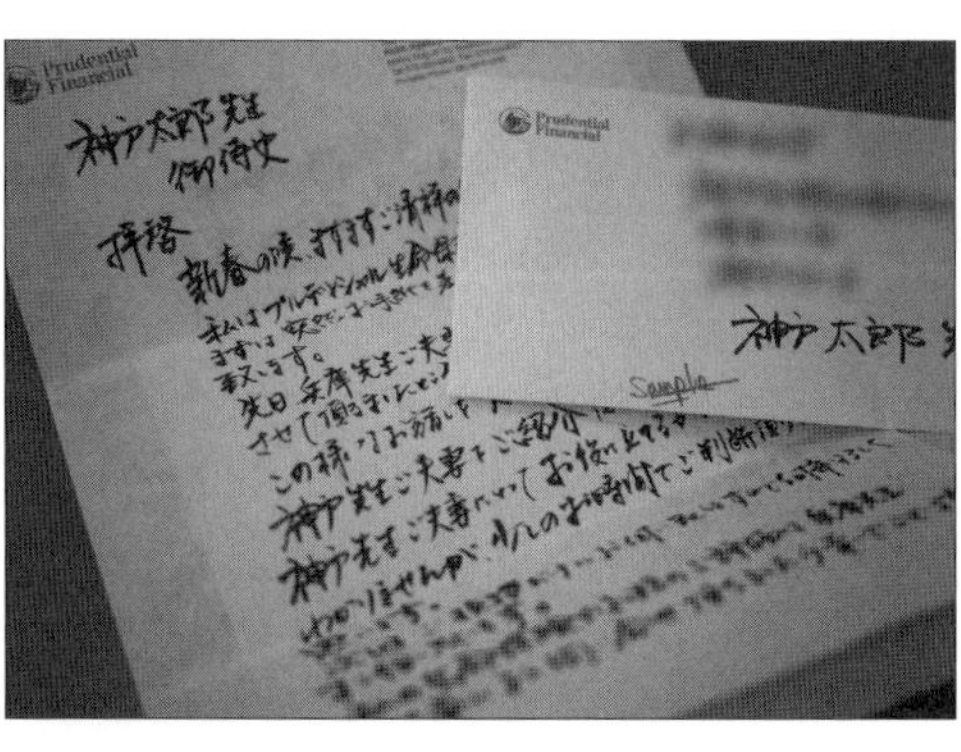

▶ご紹介をいただいた際に面談前に送る直筆の手紙。

することなく、こう答えたそうです。『私もそんなふうに信頼される人間になりたいと思います』と。彼はなにも売り込むことなく、先生と私に人間性を買わせたのです」

No. 21

毛筆の手紙に添えられた「竹トンボ」の想い

岡田将光

[北九州支社 1965年生まれ／前職：住宅メーカー]

岡田将光は、住宅メーカーから二〇〇〇年に転職し、二〇〇一年には社内の約三〇〇〇人のライフプランナーの中で、個人保険部門ナンバーワンに輝いた実力の持ち主。さぞやバリバリで隙のないやり手と思いきや……。こんな言葉が飛び出してきた。

「すみません。本日はネクタイを忘れてしまいまして、後輩からの借りものなんです。スーツの上下を別のものと間違えて出勤して、同僚に言われて初めて気付くなんてことも何度かありました。ご訪問先のお客さまには最初に白状してしまいましたが、やっぱり、笑われましたね。第一印象のかちっとしたイメージとは違うよねって、よく言われます。まあ私、努力というコトバが嫌いでして、頑張らない、無理しないがモットーなんです。だから、ストレスもほとんどありません」

しかし、そう語る岡田にも、入社一か月で早くも壁にぶつかり、毎日「辞めたい」と思い詰める日々があった。比較的短期間のうちに彼を立ち直らせたものはなにか。その壁はいかにして乗り越えたのだろうか。社内ナンバーワンに輝いた岡田の一味違う発想には、思いがけないヒントが隠されていた。

京都を旅行したときに見つけた小さな竹トンボを贈る

出産や引っ越しなどの節目や入院などにともなう契約者のフォローをする際、岡田がこだわっていることがある。直筆の手紙を筆で書き、ちょっとした小物を同封するのだ。

「たとえば、京都を旅行したときに見つけた、小さな竹トンボを入れたりしています。入院したお客さまには手紙と一緒に、神社でもらってきたお守りも郵送します。とくに女性は、入院中の姿をあまり見られたくないので、お見舞いされたくないと思うんです。いつどんなときも、直接足を運べばいいというものではありません」

手紙を書いたり、小物を送ることに特別なスキルは必要ない。それなのに、実際にはやらない人が多いように見える。

「とりあえず、何回かやってみる人は少なくないと思います。だけど、それがずっと続けられるかどうか。大半の人は続きません。それで売上が上がるわけでもありませんから。私もこういうことが商談につながるなんてまったく思っていません。でも、『保険の担当者から毛筆で書かれた手紙が来た!』とか『こんなに小さい竹トンボが飛ぶなんて!』って、びっくりしてもらえるじゃないですか。私自身が、お客さまを驚かせて楽しんでいるにすぎません。それが何人かのお客さまの心に残って、いいつながりが続けば、それで十分だと思っています」

先のことばかり考えて不安になるのは本末転倒

岡田のいまの活躍ぶりからは考えられないが、十数年前の夏、入社一か月で壁にぶつかり、毎日「辞めたい」と考えていたという。

立ち直るきっかけになったのは、ある先輩からの一言。それは「いま岡田さんの前には、神社の鳥居へと続く一〇〇段の階段がある。鳥居を見るから疲れるんだ。目の前の一段を上ることだけを考えれ

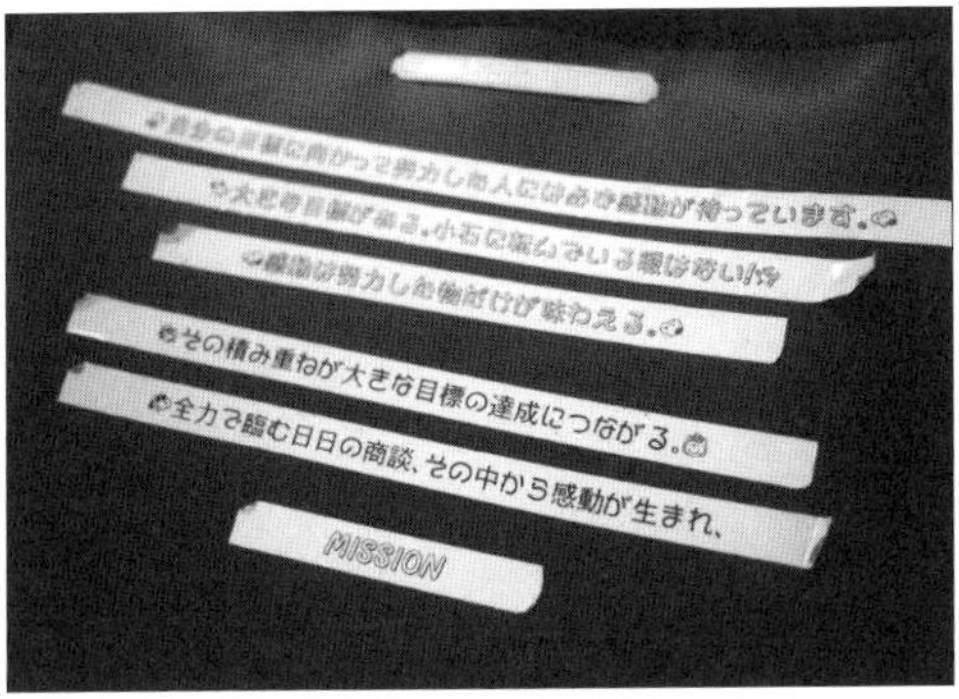

◀新人の頃から愛用している週間スケジュール帳には、いつでも見られるように、自分を鼓舞する言葉がテプラで貼られている。

ばいいんじゃないかな？」というものだった。

「確かに私は、てっぺんを見てはその遠さに気が重くなり、後ろを振り返ってはまだ五段しか上れていないのかと落胆していました。早く上に上るために、これだけ売らなくちゃ……と、数字ばかりを見ていて、目の前のお客さまを見ていなかったことに気付かされました。その一言を聞いて、途端にラクになったんです」

目の前の数字を追わなくなった岡田は、その翌年には個人保険部門においてナンバーワンの結果を残した。目標や視点の持ち方次第で、気持ちと行動は大きく転換されるものなのだ。

「成功とは、一瞬一瞬なのだと思うんです。階段の上の鳥居に辿り着くことではなく、いまこのときが幸せかどうか。自分のお客さまから頼りにされて、それに応えられているか。家族や仲間に恵まれているかだと思ったのです。だから、目の前のことすらちゃんとできていないのに先のことばかり考えて不安になるのは本末転倒。もっとラクにいきましょうよ（笑）」

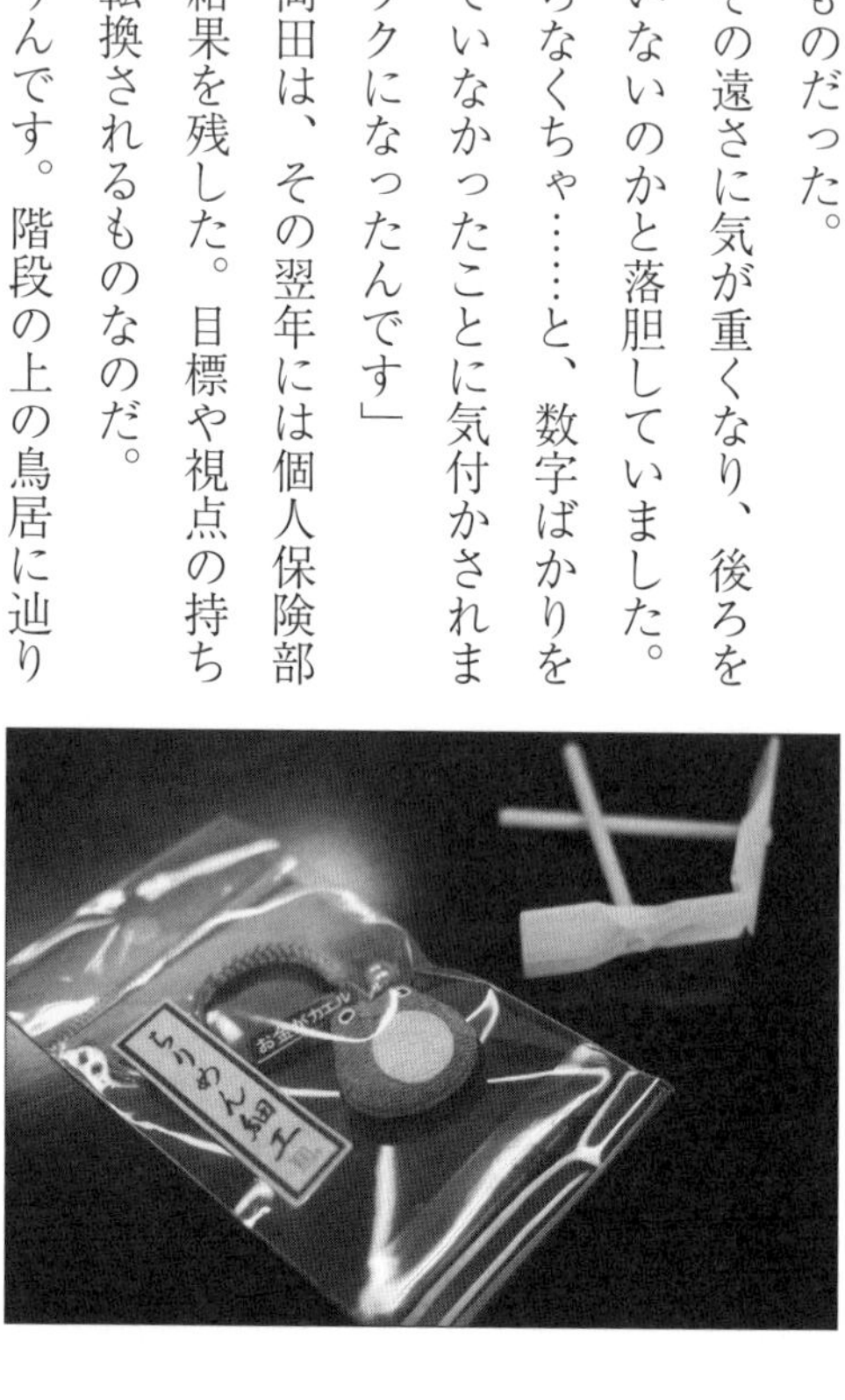

▶お客さまへの手紙に添える小物たち。

相手の歴史に耳を傾ければ、相手から〝きっかけ〟をくれる

セールスパーソンが新規開拓や紹介で、新たな見込み客と会う。そこからどうすれば相手の懐に入れるのか。これに対する岡田の答えはいたってシンプル、「話すより聞け」である。具体的に、どんなことを聞けば、相手が心を開いてくれるのだろうか。

「私はまず、相手の歴史を尋ねるようにしています。ご家族についてなら、ご夫婦が出会ったときのこと、お子さんが生まれたときのことまで遡ります。経営者の方なら、会社をつくられたときのこと、どんなふうに大きくしてきたのかということ。そして、いまはどうされているのか。この話題なら、いくらでも話してくださいます」

目の前の顧客との時間を大切にする岡田の気持ちが伝染するのだろうか。顧客は、ひとしきり話したあと、お客さま自ら話を切り替えるという。「ところで、岡田さんの仕事について聴かせてください」

岡田のモットーである頑張らない、無理しないというスタンスが、場の空気をいっ

しか心地よく変えていく。

「もともとは、その人に興味があるから、この人のことを好きだなと思うから話を聞きたいわけです。話していただくことで、より興味が高まりますし、保険を提案する上でのヒントもたくさんいただくことになります。好きに勝るものはない。そこがお客さまとの関係づくりの出発点です」

No.22

「いつでもいいよ」の依頼事ほどスピード処理する

荒木 誠

［大阪第一支社 1964年生まれ／前職：損害保険］

荒木誠は、人材紹介会社と外資系損保会社を経て、二〇〇〇年にライフプランナーになった。損保業界にいて、保険のことはわかっていたつもりだが、ライフプランナーの仕事について説明を受けたとき、生命保険が持っている本当の力や、温もりのある顧客とのやりとりを想像し、転職を決断したが、いま思えば未熟だったと振り返る。

この十数年の間に、セールスの第一線をいったん離れ、営業所長を務めるという社内転職も経験。だからこそ本当に大切なことはなんなのかを、いろいろな視点から見つめ直すことができ、それまで気付かなかったいろいろなものがジワジワとつながってきたという。両方の立場を経験することによって、荒木の目は広く遠くまで届くようになったのだ。

社内の勉強会で講師役を務める荒木は、若いセールスパーソンの仕事ぶりに、危惧の念を抱く。テクニックやセールストークに頼り、簡単に契約できる手段を追いかけすぎるように見えるのだ。テクニック以前に大切なものとはなにか、荒木の指摘に「はっ」と思い当たるセールスパーソンは少なくないだろう。

「いつでもいいよ」と言われたことこそ最優先で行う

ある日のこと、荒木にある後輩が報告した。「あのお客さまからご紹介をいただきました！」。「あのお客さま」とは、検査で病気が見つかり、生命保険には入れなかったのだが、治療についての相談を受けていた顧客のことだった。

「ご契約いただけない人に対しても、彼は誠意を尽くした。そんなところにご紹介は生まれると思います。この話とは逆に、『たくさん紹介してもらえそうな人に会った』なんて一方的に喜んでいる人には、『キミはその人になにかできるの？』と言いたい。相手が求めているのは、自分の都合で売り込みに来たり、お願いばかりする人間ではなく、どんな風に役に立てるかを考えてくれる人間です」

実際に、生命保険のセールスには関係のない頼まれ事も少なくない荒木は、信頼できる弁護士や医師を紹介したり、人生相談にのったり……と忙しい。それでも、「荒木さん、これは急いでないから、いつでもいいですよ」という依頼事こそ、スピードにこだわるそうだ。

「なぜかというと、じつは優先順位が高いからわざわざ僕に連絡してくださった。それを後回しにしていたら、『彼は自分の利でしか動かない人なんだ』と判断されてしまいます。だから僕は、たとえば朝九時にお電話いただいたら、お昼前には対応を終えていることが多い。その早さにすごく驚いてくださるという反応が楽しいし、その積み重ねがやがて本業にもつながるケースは少なくありません。いちばん大事なのは、軸足を自分の向こう側、顧客や見込み客、仲間の側に置くことです」

「万が一……」ではなく「明日にでも起きる……」の視点で提案

社内の勉強会などの場で荒木は、商談がなかなかうまく進められない参加者たちに、こんな話をするという。

「今週にでも生命保険に加入していただいたほうがいいと思っているセールスパーソ

ンと、今週でなくても、そのうちでいいと思っているお客さま。つまり、緊急性に決定的なズレがあります。それを自覚しないまま話を進めても、噛み合うわけがありません。さまざまなリスクが法人や家庭の中にたくさんあることを示し、『それを防ぐ緊急性は、じつは高いのです』とお客さまに気付いていただくことが大事です」

生命保険でいえば万が一のためにといったアプローチではなく、明日にでも起きるリスクの視点から提案するのは、前職の損保で積んできた経験が大きい。

「たとえば経営者への提案も、多くの生命保険の営業の方が口にするセールストーク、『万が一、社長が亡くなったら』という死亡リスクの話をすると気を悪くされることもあります。それよりも、『二年後三年後に、社長は元気でも会社が死亡するというリスクに対処できるようにしておきませんか』と。そんなアプローチのほうが経営者の気持ちにフィットして、話が進むケースも多いのです」

タイガー・ウッズのお父さんは、まずパターから練習させた

荒木には若いセールスパーソンに対して危惧していることがある。テクニックやセールストークで武装し、簡単に契約できる手段ばかりを求める傾向が見られることだ。

「タイガー・ウッズのお父さんは、息子にまずパターから練習させたという話があります。通常はドライバーやアイアンから練習することが多いみたいですけど、プロセスよりも、カップに球を入れるというゴールを叩き込んだわけです。では、商談のゴールとはなんなのか？　営業ツールやトークを駆使してご契約をお任せいただくことがゴールでしょうか？　多くの仕事でもそうだと思いますが、特に生命保険においてはご契約をお預かりすることはゴールではなくスタートです」

◀執務ブースに飾られている記念品の一部。

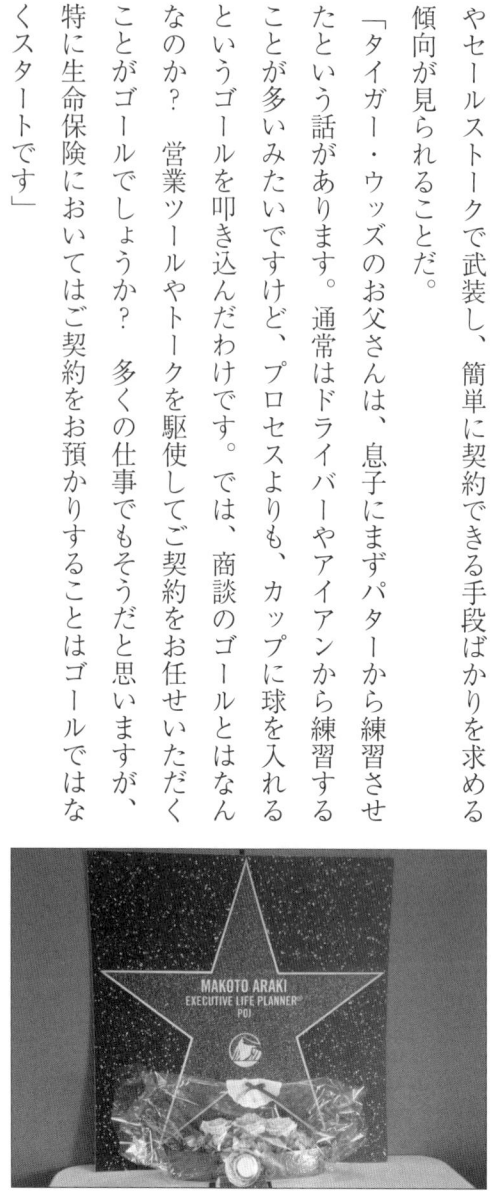

そこから始まる付き合いの中で安心や感動を届け、来たるべきときに保険金を届ける。そんな約束を果たすときがゴールだと荒木は言う。

「この仕事のゴールを意識したら、いい加減なセールスなんてできるわけありません。資料をドッサリ持参して、『どうですか?』と聞いても、相手は答えようがない。セールスする本人は、あの手この手を繰り出して説明しているつもりでも、かえって混乱させたりしてしまう。お客さまの本音としては『なんだかよくわからないけど、もう面倒くさいから、この人に任せよう』というケースが、少なくないと思います。テクニック以前の、ゴールを見据えての基本的なフォームができているのか。その検証を意識的にやっていかないと、グリーンに乗せた球も、ピンから離れるばかりです」

▶知り合ったばかりやゴルフを1〜2度まわっただけの人から、「保険を任せるよ」と言われる場合もある。お客さまと長い付き合いをしたい荒木は、「もう半年お付き合いして、僕を見極めてください。それでもお気持ちが変わらなければ喜んでお引き受けします」と答える。

No.23

経験ナシ、話しベタでも大丈夫な「人間ドック」思考法

清水克也

[札幌第二支社 1961年生まれ／前職：不動産]

清水克也は、信用金庫の内勤として住宅ローンを扱ったのをきっかけに、不動産の勉強を開始。宅建資格取得を機に不動産会社の経理部門へと転職した。その後、運命的な出会いによりライフプランナーの道を歩むことになったのだが、営業経験ゼロの

スタートとなった清水には試練が待っていた。

「元同僚が教えてくれたんですよ。『転職のことが、うわさになっているよ。付き合いで加入してほしいと頼みに来るに違いないって』と。ショックでしたね。そんなつもりは全然ありませんでしたから。でも、それが僕にとっては良かった。『誰が行くものか！』と、心に火が点きましたし、お客さまからご紹介をいただけるようなセールス活動を続けようと、方針を定めることができました。とはいえ、独身の方には立て続けに断られまして、生命保険営業の難しさを思い知らされました」

結果として、週三件の契約を四年間・二〇〇週連続で続けた清水だが、自分には付加価値が足りないと、手綱をまったく緩めない。ファイナンシャル・プランニング技能士一級の資格を取ったほか、コーチング講座や話し方教室などにも通い、つねにステップアップを図っていった。

「つい最近は、パントマイムレッスンにも行きました（笑）。いままで僕が特に気にしていたのは喋りでしたけど、パントマイムはそれが使えない。だからこそ、いろいろな気付きがあります。『自分磨き』というカッコいいものではありません。僕は一流のセールスパーソンではないから、勉強し続けないとならない。もっと売れるためのヒントがないかと、いつも必死なんです」

生命保険しか営業の経験がない清水が語るエピソードは、生命保険にしか当てはまらないようにも見えるが、実際には多くのセールスに通じる部分がある。営業経験ゼロからスタートした清水の思考法から得るものは多いのではないだろうか。

いきなり「病院で診察」ではなく「人間ドック」の話から入る

顧客一人一人にぴったり合わせるオーダーメイドの提案は、処方箋を出す医師にたとえられることがある。ところが清水は、少し異なるイメージを持っている。

「僕の気持ちとしては、医師というよりは人間ドックの営業マンです。過去にご加入された保険の内容が安心できるものになっているかどうかを判断していただく。単純に『○か×か』をはっきりさせるだけですから、絶対に受けたほうがいいって言えますよね。もし僕に『とにかく保険に入ってほしい、売りたい』という気持ちが少しでもあれば、躊躇してお客さまとお話しもできません。なぜならそれは、病気でないかもしれない人に注射を打とうとする行為なわけですから」

清水は、営業経験もない中で、ストレスなく話せる人間ドックという考え方には、あるきっかけで気が付いたと言う。

「あるとき、知り合いの弁護士さんに言われたんです。『弁護士事務所を訪ねてくるどのクライアントも、揉めに揉めて、最後に相談に来る。一般の人にとっては弁護士に相談することはハードルが高いのだろうけど、どうしてもっと早く相談に来てくれないのかなと思うことが多いんだ。それに比べたら、君たちのハードルは低くていいよね』と。おっしゃる通りで、私たちの仕事は相手が誰でも、名刺交換さえすれば『万が一お亡くなりになったら』というなかなか他人には言えない踏み込んだ話までできてしまう仕事です。それがわかった時点で、開き直れました。僕たちの重要な役割は、お客

◀創業者「坂口陽史」の名を冠した賞を2012年に受賞（※P101参照）

さまに安心していただくための、きっかけづくりなのだと。そう考えたら、なんの抵抗もなく、お客さまにお話しできますよ。『二年前に他社さんに見てもらったからいいよ』『いえいえ、人間ドックだって二年経ったら状況が変わってますから』と言って、保険内容のご確認をお勧めするんです」

相手の知識を聞くのではなく、意見や考え方を引き出す

セールスがうまくいかない人に共通しているのは、どんなことなのか。たくさんの若手を指導してきた清水に尋ねてみた。

「お客さまとの会話の中で、質問ではなく尋問をしている人が多いですね。たとえば『保険は入ってらっしゃいますか?』『入ってるよ』『そうですか、どちらの保険会社さんですか?』『A生命さん』『そうですか、ちなみに掛け金おい

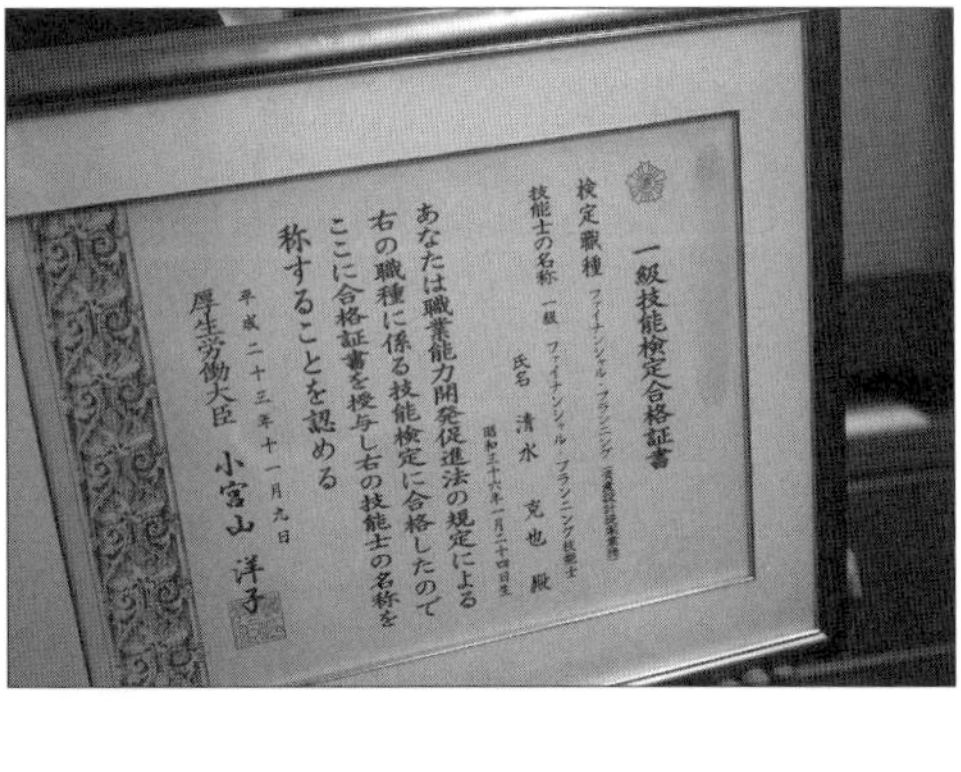

▶つねに自らを高める清水は2011年に一級ファイナンシャル・プランニング技能士を取得した。

くらですか？　いつ頃、どういう経緯だったのですか？』と。『ああそうですか、そうですか』と、次から次へと聞くことをコロコロ変えてしまう。相手はほんの数分でストレスが溜まってきて、なんなのだ、この人は？　と思いますよね。本来の受け答えとしては、『保険に入っていらっしゃるのですか。ご家族思いなんですね』とか『A生命さんですか。大きな会社なのでご安心ですね』というのがマナーです。そうすると、『いや、大きな会社だけど担当者には満足してないいんだよね』と、相手の言いたいことも自然に引き出せます」

かくいう清水もかつては、タブーとされる質問をしていた。「ついつい『プルデンシャル生命をご存じですか』と言ってしまうんです。でも、これはいけません。なぜなら、知識を問う質問は、知っていても知らなくても相手を嫌な気持ちにさせるからです。質問というのは相手の知識ではなく、意見や考え方を聞くものだと、以前ある先生から教わりました。ふだん無意識にやっていることが相手を不快な気持ちにさせている可能性があるので、ちょっとした表現にもとても注意をしています」

顧客が家族なら遠慮しないで、必死に伝えようとするはずだ

前職では営業経験がなかったため、自分にやっていけるかどうか、不安でたまらなかったという清水だが、それでも、ここまでやってこられたのは、あるスタンスがあったからだと言う。

「ライフプランナーの名刺をもらって、真っ先に訪ねたのは姉夫婦のところです。『すでに入っている保険の契約内容では、義理の兄さんに万が一のことがあったらお姉ちゃんは困るよ。それでもし頼ってこられたら、僕だって困るよ』と本音を口にしていました。それ以来、いまもそうですけど、もしお客さまが自分の兄弟だったらという気持ちで向き合うのが、僕の基本スタンスになりました。自分はまだまだセールスのプロではないという意識が強かった僕にとっては、そんな素人くさい位置づけがしっくり来たんですね。セールスパーソンとしては言えないことでも、兄弟としてなら遠慮しないで、必死に伝えようとするわけです」

そうやって、顧客に寄り添うように仕事をしていく中で、清水は「ライフプランナ

ーという仕事は、お客さまの幸福のツボを見つけて押してあげることなのだ」とふと思ったそうだ。

「僕は、お客さまに幸福感を感じてもらうということを意識しています。いま幸せですか？　と聞くと、『えーっ』とか『普通です』と返ってくる。そこで、いろいろと質問していくんです。『お仕事は順調ですか？　プロポーズはなんて言ったのですか？　お子さまが生まれたとき、どう思いましたか？』――。たまたま夫婦喧嘩していたとしても、『新婚旅行はどちらへ行かれましたか？』と尋ねると、表情が変わっていくのがわかります。なんだかんだ言っても我が家は幸せだな、と感じてもらった上で、『万一のことがあったらどうなりますか？』という話です。ここを省いて、始めから『もし亡くなったら』なんて話では、相手は落ち込みます。そんな暗いセールスパーソンを知り合いに紹介しようなんて、思ってくれるはずもありません。『恥ずかしかったけど思い出しちゃった、楽しかったわ』と言われたら、それが僕の仕事ですとお伝えします。『じつは姉夫婦だと思って話していました』と言い添えることもあります」

No.24

七年半連続週三件契約を可能にした「お役立ちノート」

平石雅史

［広島支社 1958年生まれ／前職：商社］

平石雅史は、創業間もないプルデンシャル生命に入社し、オーダーメイド型の保険営業という未開の地を切り拓いてきた一人である。

「プルデンシャル生命の創業者たちが抱いた『日本の生命保険を変える』という志を

知ったとき、その夢を一緒に追いかけたい、人生を懸けたいと思いました。最初の三年ほどは、保険を売ること以外はなにも考えないで、寝食も忘れて仕事に没頭した毎日です。小回りの利く原付バイクで広島市内を走り回り、ご紹介いただいたお客さまに会い続けていました」

社内では、ライフプランナーによるビジネスモデルの基礎固めのため、「週に三件以上のご契約をお預かりする」というマイルストーンが置かれていた。入社から三七〇週（約七年半）にわたり、一週も欠かさずに続けた記録の持ち主であり、一年間連続となる五〇週連続を、社内で初めてやり遂げたのも平石だ。

「連続達成を続けて刺激し合っていた仲間たちが途中で営業マネージャーになる道を選んだので、ライフプランナーを続けていた私がたまたま、一番に年間達成をしただけのことです。営業マネージャーたちは会社を大きくしようと、新しい人材の採用を懸命にやっていました。それなら自分は、入社してきた後輩たちのためにも、営業の道を拓いていこうと考えました」

平石は入社三年半にして、プルデンシャル生命の営業最上級職である、エグゼクテイブ・ライフプランナーの第一号に認定された。創業者の故・坂口陽史からは「後輩たちの見本になってくれてありがとう。これからも頼むよ」と声をかけられたという。「僕の先には誰もいませんから、行き先もわかりません。でも、この会社と出会ってはっきりしたのは、自分の営業成績というものにゴールはないことです。自分のためのなにかではなく、なにかのための自分という使命を追求していく。惚れ込んだ会社の成長や社会のために、自分の命を使っていくことが、僕の人生なのかもしれない。そう思うようになりました」

使命感をエネルギーとしてつねに先頭を走り続けている平石。そのセールススタイル、考え方、そして生き様はセールスパーソンが参考にできる部分が多いだろう。

「売れる」「売れない」という結果を考えても仕方がない

セールスがなかなかうまくいかない人は、どこに問題があるのだろうか。じつは平石も駆け出し時代に、悩んでいたことがあった。
「まずは知人や友人のところを回りますよね。昔話に花が咲いたあと、『でも保険屋とは付き合わん』とか『保険の話は聞くのもイヤだ』と言われるわけです。こんな調子では仕事を続けていくことはできないと、真剣に落ち込みました。でも、何度か拒否され続けて、ある瞬間に、開き直ったんです。『売れる・売れないという結果は、もうどちらでもいい。そこを考えても仕方がない』と。それで、僕から保険に入る理由のない人に会おうと。つまり、自分をまったく知らない初対面の人にターゲットを転換するという、僕なりの工夫をしてみたわけです。それなら、知人・友人の営業で感じる心理的障壁もありませんし、名刺を出したらすぐに保険の話に入れるじゃないですか」

それが良い流れを呼び寄せ、どんどん紹介がつながり出した。

「営業に大切なのは〈アテンションする〉姿勢です。集中力をとことん高めて、お客さまの状況に注意を向けていないと、そのときどきの状況を改善する工夫も生まれません。ところが、売れなくなると余計なことを考えます。『同期は頑張っているのに俺はダメなやつだ』とか『いや俺は悪くない、会社や商品のせいだ』とか。それが悪循環になっていきます。自分のことで頭がいっぱいになると、必要な情報が入ってくる余地がなくなる。すぐそこにあるヒントさえも、キャッチできなくなってしまう。自己主張や自己防衛をいったん捨てれば、視界がパーッと開けてきます」

「何度足を運んでもいい」——要領や効率にとらわれないこと

平石が二五年積み重ねてきた契約は約一八〇〇件。これだけの数となると、「入院しました」「引っ越しました」「口座を変えたい」など、なんらかの連絡が毎日のように入る。それが電話や郵送で済むような用件であっても、平石は直接足を運ぶ。

「ひと月に三〇件から五〇件でしょうか。昨日もある経営者から『来週来てほしい』との電話をいただきました。新幹線と在来線を乗り継いで往復三時間ほどの、隣県のお客さまです。経営状態が大変だという情報は入っていましたので、マイナスの用事かもしれません。込み入った話を電話で聞くのもなんですから『とりあえず行きます』とお答えしたんです。用件次第では、資料を持ってもう一度お伺いすることになるでしょう。でも、そこは要領や効率を考える場面ではありません。何度足を運んでもいいと思っています」

コールセンターの機能強化など、契約者へのアフターフォローの負担を軽減する施策は、これまで本社からいくつか提案されてきた。しかし、平石は、ライフプランナー兼執行役員を務めることになった際に、不便だからこそ、お客さまと会う機会が持てると反対した。

「もちろん、お客さまの利便性が上がるのはいいことです。でも、『営業現場がラクをできるから』という方向に進んでいくと、過保護になって結局はライフプランナーを潰してしまうと訴えたのです。不便の効用というのかな、お客さまのところに足を運べば、そこには情報が満載です。営業の仕事はお客さまの困っていることを解決することですから、マイナスの情報であってもお役に立てる。プラスの情報しか仕事にならないというのは、誤った思い込みです。お客さまからの電話に、『その件でしたら、コールセンターの〇一二〇の×××に連絡してください』と返す若手がいます。せっかく機会をお客さまがつくってくれているのにコールセンター任せにしている。それなのに、『今週もアポがない』なんて言っていたりする。わけがわかりません。僕なら、『またなにかお役に立てる。待ってました』とばかりにホイホイと出かけます」

「一〇〇〇人のお客さま」——それは財産ではなく「借金」だ！

入社から三年半で社内初の最上級職となり、その後ほどなく顧客も一〇〇〇人を超えるまでに拡がった平石。会社からも周囲からもチヤホヤされ、舞い上がっていた自分を見直しさせられる出来事があった。

「前職の同期たちと数年ぶりに会ったとき、彼らは僕にこう言いました。『平

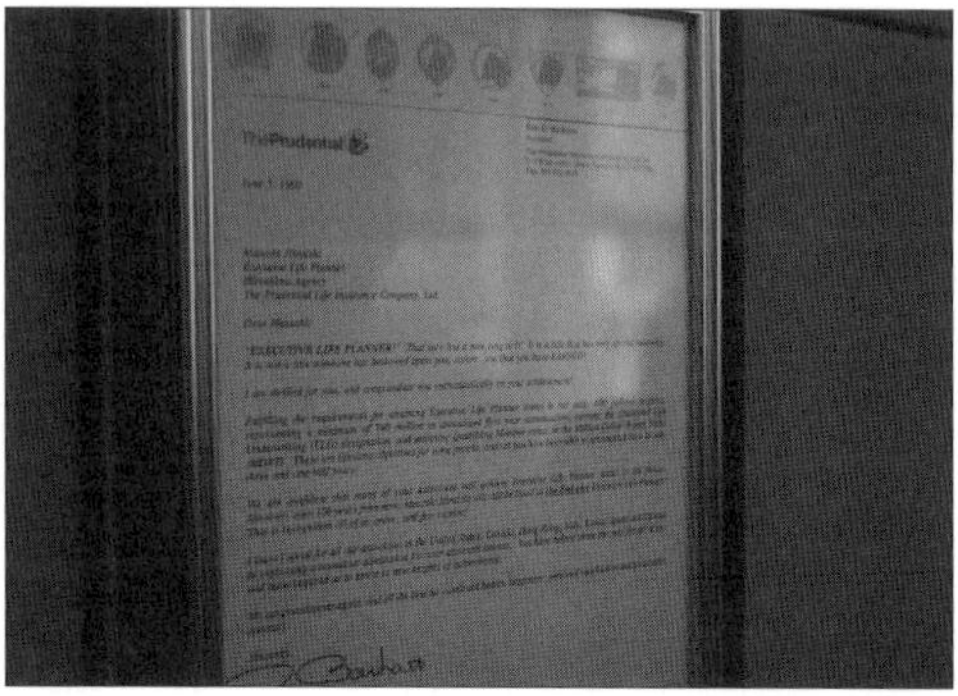

▶上級職であるエグゼクティブ・ライフプランナー第1号に認定され、米国本社から平石に授与された認定書には、June 5 ,1992の日付が見られる。

石は会社からの期待も大きいようだし、地元の政財界にも人脈をつくりつつある。本当に転職して良かったな』と。でも僕は、素直に喜べませんでした。中間管理職として組織の中で揉まれながら前に進んでいる彼らこそ、見違えるほど成長している。いいシワを刻んでいるなあ、と思いました。かたや自分は、上下関係のしがらみに無縁な組織の中、モチベーションだけで突き進んできた。このまま四〇歳、五〇歳になっていいのだろうかと感じていたのです」

だが、そんな平石のモヤモヤを吹き飛ばすような出来事が、間もなく起こった。

「僕よりも若いのに経営者として立派に会社を切り盛りし、一緒に勉強会などに通っていた人と会食をしていたときのことです。『おかげさまで一〇〇〇人を超すお客さまを持つことができました。大きな財産ができました』と言った僕を、その人は一喝しました。『それは財産じゃない。お前の借金だ。借りているご恩をこれから一人一人に、返していかないといけないんだぞ』。頭をガーンと殴られた思いでした」

事実、契約件数が増えるほどに顧客からの問い合わせに応えきれなくなっていたのに、それをしっかり省みようとはしていなかった。「自分は成功した」などと浮かれている足元で、たくさんの借りをつくっていたことに気付いた平石は、考えた末にいったん、営業マンの看板を下ろすという思い切った選択をした。

「やり方を一八〇度変えることにしました。すぐに契約をお預かりできそうな人を探すというスタイルをやめて、既存のご契約者をはじめ、ご縁をいただいた方のお役に立つ活動をするようにしたのです。『あの人には、こんな人を紹介したら役立つだろう』『今日はこんなことをしたら喜んでもらった』と、お役立ちノートを付け始めました。すると、しばらくして、以前なら相手にしてもらえなかったような人からも、声をかけていただけるようになりました。営業マンの看板を下ろしたら、結果的に営業活動に深みや広がりが生まれた。僕は営業マンでなくなることで初めて、一生にわたって営業マンとしてやっていけると思えるようになったわけです」

平生を磨く

平石には、社内の勉強会の際などに、よく尋ねられる質問がある。「トップセールスの先輩たちのように、お客さまから継続的にご紹介をいただくにはどうしたら良いでしょう？」というものだ。

「いつも僕は、日常の自分、つまり平生をきちんとするのが大切だと話します。すると、『それは平石さんに余裕があるからではないですか。商談シーンでの方法論を教えてください』と返ってくる。でも、仕事に余裕がないからこそ、日常で磨くしかない。僕自身、それこそお客さま一件一件に電話したり、ＤＭを小まめに書いたり、いろいろな方法をやってみました。でも、日々のセールス活動に追われて、なかなか続きません。どうしたらいいのかと考え続けた末に、せめて目の前の日常生活をちゃんとすることから始めるしかない、と気付いたわけです」

たとえば、お客さまからの電話に対応してくれた事務スタッフに「どうもありがとう」と礼を言う。伝言を受けて直接話せなかった顧客に「確かに承りました」と一本電話を入れる。社内の仲間や飲

◀創業者「坂口陽史」の名を冠した賞（※P101参照）を2008年に受賞。

食店のスタッフにも、話すときには相手の目を見る。そうした、ちょっとしたことさえ、意外とできていなかった、と平石は振り返る。

「その平生の姿は、お客さまの前でもかならず出てしまいます。日頃からスタンドプレイで動いていたり、家庭や会社で時間にルーズだったりしたなら、なにかの場面でかならずそれは出ます。お客さまの前でだけ取り繕うことはできません。そして、お客さまはそこを見ているのです。とくに経営者の方などは、プレゼン資料なんて見ていません（笑）。『このセールスパーソンは、どんなやつだろう?』と、人間を見ています。チラッと垣間見える部分を見逃しません。セールストークがどんなに美しくても、それだけでは認めていただけない。紹介がなかなか出ないという人は、まずは平生から変えていくことが近道だと思います」

第五章

「ロジカルシンキング」で勝つ

No.25

訪問先でトイレを借りると話が一気に前に進むナゾ

新井 満

[さいたま支社 1961年生まれ／前職：人材・情報サービス]

新井満は、リクルートから一九九〇年に入社して二十余年を、ライフプランナーとして過ごす先駆者的な存在。社内では勉強会やボランティア、企業理念の継承などさまざまな活動の旗振り役を担うほか、二〇一二年度に副会長を務めたＭＤＲＴ日本会では、人事・総務・経理部長的な役割を果たし、翌二〇一三年には会長を務め、二年間とも月の約三分の一の時間を割いて無償で活動していた。

「セールスの数字とか順位とか、自分のことはどうでもいいのです。自分も大切だけれども、自分がすべてではない。他社から集まっている人たちもそうじゃないですか。会員や仲間のためになにかするというのは、その先にいるお客さまのためになると思うから、頼まれたことは断らずに引き受けているのです。せめて、そういうことで貢献しないと。私はあまのじゃくなので、掟破りみたいなこともしてきました。たとえば、年間セールスコンテストの基準となっている営業成績に到達する目前で、わざと活動をやめてしまった年があったり。そういう数字を追うことで、自分やお客さまに無理を強いているのではないかと思う、もう一人の自分がいる。というとカッコイイですけど、要は単なるひねくれ者です（笑）」

プルデンシャル生命がスタートしたばかりで暗中模索していた頃、数少ない他支社の仲間、他社や各国の同業者たちと情報交換できる貴重な場がMDRTだったと新井は言う。その場をより有意義な形で後輩たちに残すことは、愛する仕事への恩返しに他ならない。顧客のため、仲間のため、業界のため、という多視点で歩き続けているのだ。

一〇〇を目指して五〇にしか辿り着けないのは問題

数字が伸びている人とそうでない人の違いはどこにあるのかと尋ねると、自称あまのじゃくの新井からはこんな答えが返ってきた。

「違いって、あるのでしょうか？　個々のお客さまとやり取りをする一対一の場面では、みんな一緒ではないでしょうか。知識レベルの差はあるかもしれませんけれど。一年間に五〇の数字しか出せない人も、五〇のお相手に対してはいい関係で仕事をしているはずです。お客さまから感謝の手紙も届いているでしょう。一〇〇や二〇〇の人は、その数が多いだけなので、それをやるかどうかという意志の差ではないでしょうか」

プルデンシャル生命のライフプランナーにはノルマがない。自分がどこまでやるのか、業績＝収入は自ら決める。その人の幸せのレベルが五〇で満たされて、プライドを持って顧客とやり取りができているのなら、それでいいのではないかと、新井は指摘する。

「ただし、一〇〇を目指して一生懸命やって毎日たくさんの人に会っているのに五〇の結果しか出ないというのは、問題かもしれません。セールス現場でどのように対処しているのかはわかりませんが、支社で見ていると『要領が悪いな』と感じる人はたしかにいます。お客さまともっとちゃんとコミュニケーションを取ればいいのにとか、電話が入ったらすぐに折り返しすればいいのにと思うこともしばしばあります。その小さな意識の差が目標との差を広げているようにも見えます」

顧客に継続的なサービスを提供することを第一に考える

新井は数年前、「保全や引き継ぎを考える会」を社内で立ち上げた。新規契約を預かることへの注力は会社として当然ながら、その一方で既存顧客に目を向けることをおろそかにしてはならないと考えたからだ。新井自身、この数年の契約は、約九五％が既存顧客から追加で預かった契約だという。

「なるべくお客さまのところに足を運んでいくようにしています。住所変更でも、口座変更でも。手続き上は私に連絡をいただき、社内で事務処理すれば終わるものも少なくありません。でも、極力お訪ねして直接お話をし、書類を書いていただいて会社に提出する。せっかくお会いできるチャンスをお客さまからいただいているわけですから、それが基本かなと考えています。『お忙しいのに、来ていただかなくて結構ですよ』と言われても、『これが仕

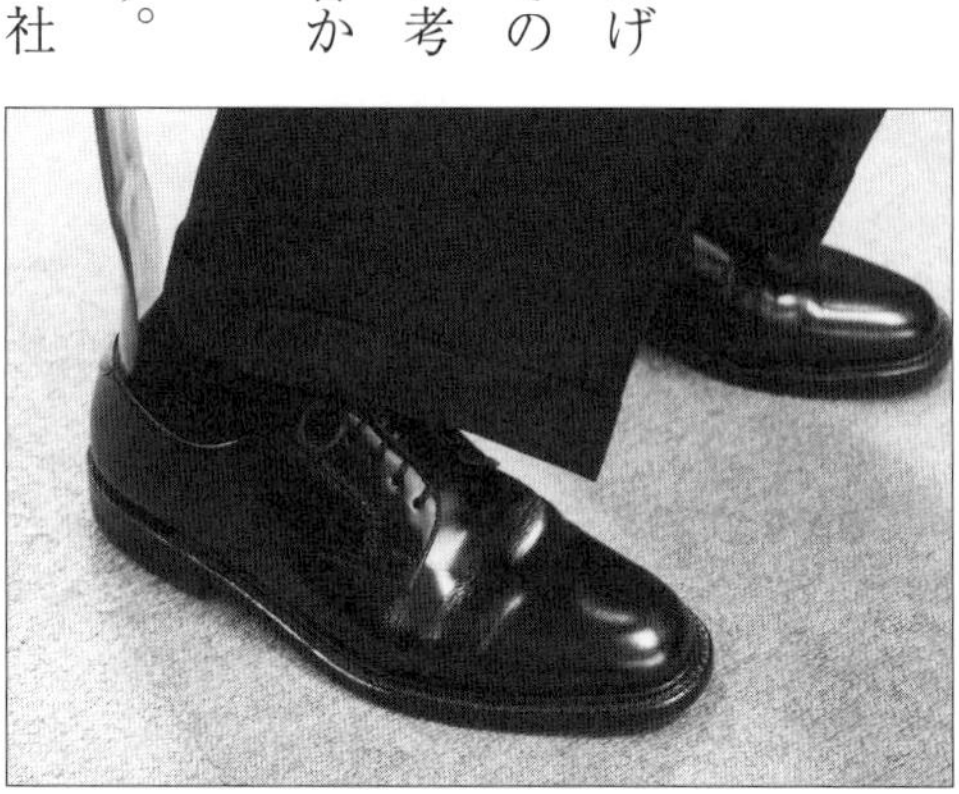

▶なんと新井は社会人になったときから約30年間、同じモデルを買い続け、この靴以外はいっさい履かないという。

事ですので』とお伝えし、足を運びます。そうでもしないと、お客さまと顔を合わせることも少ないですからね」

とはいえ、この先何十年も顧客のところに顔を出し続けるのは困難である。契約者の子供たちから預かっている契約なども考えると、こちら側も世代交代をしていかなければならない。

「じつは、うちの娘が私の跡を継いでくれないかなと思っているんです。当社にはライフプランナーを親子でやっていらっしゃる方が何人かいますし、可能性はなくはないかなと。まだ一九歳ですけど、一〇年後、私が六〇歳ぐらいから子供と一緒に動いて、少しずつ引き継ぎをしていくようにできればいいですよね。この先、お支払いも増えていきますけど、お客さまの保全という意味では、すごくきれいな形だと思います。娘の意思もあることなので、わかりませんけどね。本人にはまだなにも話していません。いまは韓国のアイドルに夢中のようですから（笑）」

深夜や土日に営業しないのは顧客視点で考えているから

娘の寝坊防止のため、朝三時五〇分に起きる習慣が付いたという新井は、始発バスに座ってFacebookをチェックし、六時半には支社に着いて自ら鍵を開け、執務ブースでゆっくり新聞を読む……という超・朝型スタイルが定着している。

「夜の会議や飲み会がなければ、たいていは一九時半には帰宅して、早いと二一時半くらいに寝ちゃいます。夜遅い時間も土日も、仕事はしません。新人のときからそうです。もちろん、お客さまが『週末に夫婦そろって話を聞きたい』と言われたら喜んで土日も行きます。でも多くのお客さまは、土日はプライベートを楽しみたいわけですから、保険のセールスに来られても嫌なはずです」

そんな顧客視点でのセールスを実践する新井は、訪問する際に気を付けていることがある。

「個人宅の場合は、商談の後半あたりで、わざとトイレを借りることが多いです。ご夫婦二人だけのほうが話しやすいことってあるじゃないですか。トイレから戻った途端に、話が前に進むことは多いですよ。もう一つ、たとえば一円単位で経費を削っている中小企業に、クルマで乗り付けることはしません。クルマで行ったとしても、少し離れたコインパーキングに停めて、一生懸命に歩いていきます。その方が印象はいいですよね。そういう心遣いというのも、セールスには必要だと思います。言動だったり、持ちものだったり」

◀カバンもずっと、実用的なドクターバッグタイプの同じもの。修理に出しているあいだの予備も含めて、二つを交互に使い続けている。

No.26

なにげないアポの入れ方がセールスの成否を分ける

本多慶太

［東京中央支社 1974年生まれ／前職：化学メーカー］

本多慶太は、化学メーカーでの営業を経て、二〇〇一年からライフプランナーの道を選んだ。最上級職として認定もされ、新設支社のリーダー的存在として後輩の指導にもあたっている。

「子供の頃から喧嘩で負けたり、部活で補欠だったりと、劣等感がありました。でも負けっ放しは嫌だなと、あるとき勉強に目覚めたのです。努力した分だけ成績が上がり、順位がちゃんと出るのは気持ちいい。大学生や社会人になってから、評価があいまいな中でモヤモヤしていた僕にとって、フルコミッションのセールスという環境はうってつけでした」

本多が新人研修を受けているとき、ちょうどその前年に入社した先輩が支社で表彰された。週三件の契約を五〇週連続で預かる目標を達成したのだ。涙ながらにスピーチする先輩と、クラッカーを鳴らして讃える仲間たちの姿に、本多は「自分もこれだけの達成感を味わってみたい」と決意を新たにした。そして二年後、その先輩が立っていた場所に、本多の姿があった。なんと、週三件の契約を一〇〇週連続で達成したのである。

「じつは毎週、倒れそうなくらい辛くて。個人から法人へのマーケットシフトを考えていたこともあり、三年目は週三件の目標はストップしようと考えていました。でも、相談した先輩からこう言われたんです。『慶太の強みってなんなの?』と。自分のことを冷静に振り返ってみたとき、『コツコツと粘り強く、やり続けることだ』と再認識しました。活躍中の先輩たちを見ても、皆さんがその人らしい強みを活かしています。それなら自分は週三件をそのまま続けて、達成者が少ない一五〇週連続に挑戦しよう！　と決めたのです」

その目標も見事に達成し、自分との勝負に勝った本多。自身の強みを活かす方法をつねに模索し、それを実行することで、結果を伸ばし続けているのだ。

考え方を変えれば、行き先はどんどん増えていく

本多が預かっている契約は、個人保険だけで約六〇〇件。そのすべてに最低でも二年に一回、かならず電話をしている。

「月に約二〇件になります。『前回お伺いしてから二年経ちましたので、またお時間をつくっていただけませんか』と、ごあいさつします。すると、『最近こういう商品

はどうなの？』とか『相続で三〇〇〇万円くらい受け取ったんだよね』とか『この歳になって結婚することになりました』と、結構いろいろな話が出てくるものです。お電話するとアポイントが取れるのは半分で、そのうちの半分はなんらかの追加契約につながっています。これは僕にとって、すっかり習慣化したことを続けているに過ぎません」

こうした活動が有効なのは、既契約数の多い中堅やベテランに限ったことではない、と本多は説明する。

「保険のセールスパーソンの中には、行き先がなくて困っているという人がいますけど、たとえば一年のキャリアがあれば、一〇〇人くらいの方からご契約を預かることもできるわけです。ということは二年目に、その一〇〇人のところに行ける可能性がある。保険に入ってもらえる・入ってもらえないは別として、です。少し考えてみてください。僕らは紹介をいただくときにも、『保険に入っていただけそうな人を紹介ください』なんて一言も口にしていません。それなのに『この人に会ったら入ってくれるんじゃないかな』と、自分の頭で勝手に決めた相手だけにアポイントを取ろうとするセールスパーソンが、少なくない気がします。だから『行く先がない』なんてことになる。四の五の言う前に、とにかく活動量を増やす工夫をしないといけません。過去に断られた人に電話をかけるとか、生命保険のセミナーを開くとか、やり方はいくらでもあります」

アポイントの時間の刻み方にこだわる

なかなか結果が出ない人は、いったい、どこがいけないのか？

「最初の習慣づくりからすでに間違っている人が少なくない」と本多は指摘する。

「たとえば後輩のアポイントの入れ方を見ていますと、時計の文字盤のように一二時・三時・六時といった時間で区切っている。移動時間を差し引

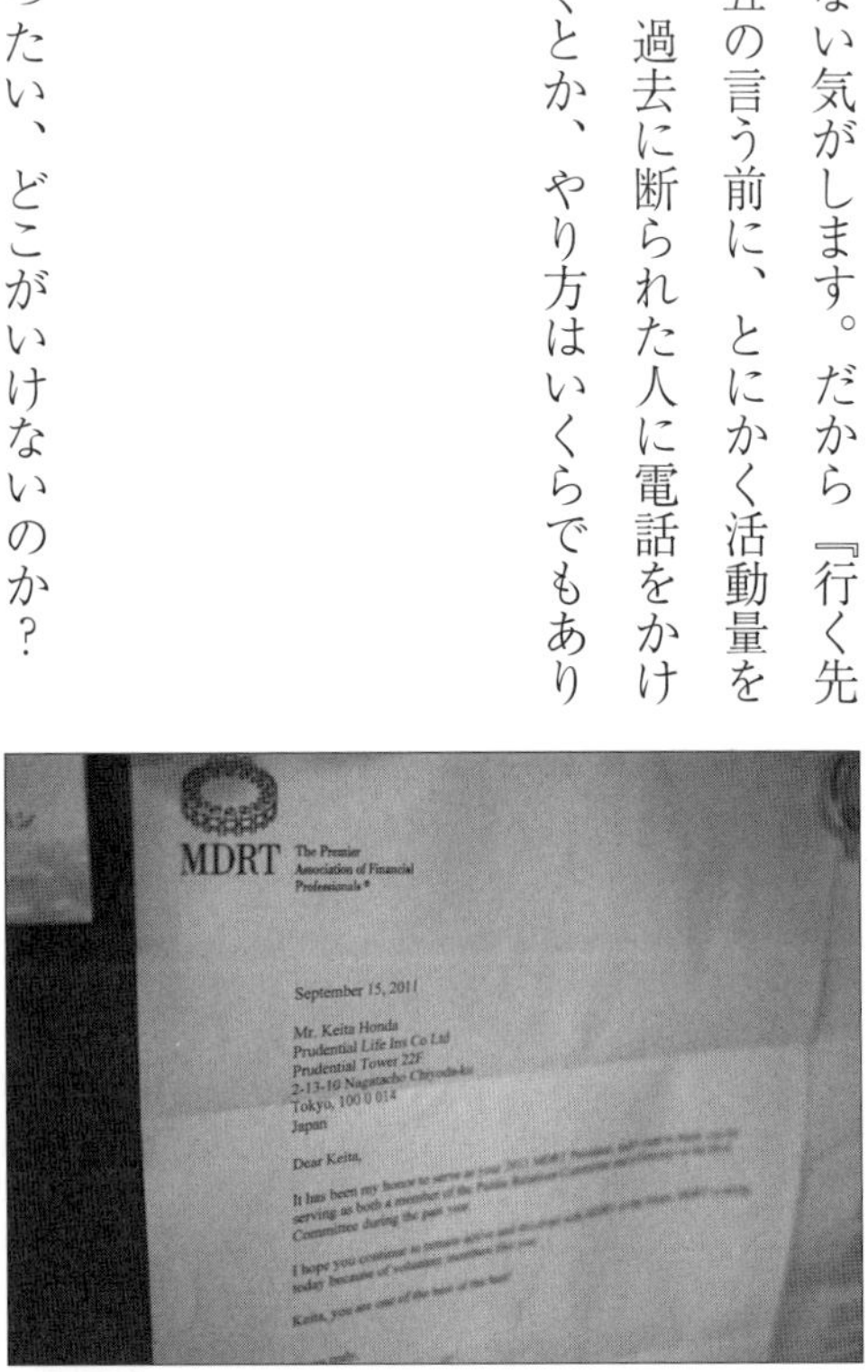

▶突然届いた1通の英文レターで招聘され、本多はMDRT米国本部で活動する機会を得た。世代や国を超えた仲間たちとの交流の中から刺激と自信をもらってきた。

いたとしても、商談ひとつに二時間強もかかるでしょうか。ほとんどは一時間以内、長くても一時間半です。つまり、一二時・二時・四時・六時で十分にスケジュールが回せるのに、なんとなく三時間刻みにするという悪い習慣が身に付いてしまっているわけです」

しかも、たとえば三時の予定が空白のまま、一二時と六時にアポイントが二件入っている状態を暇だと自覚するのではなく、自分は忙しいと錯覚しているのが、大きな問題だと本多は考えている。

「下手をしたら、毎日一二時と六時、お昼休みと夕方にしか人に会わない。『五日間で一〇人訪問しました！』と言って一週間が終わるわけです。それなら、二時間刻みで四人ずつ三日間やれば、一二人にお会いできて、丸二日は余る。そこを新しいことをやるための準備や勉強に充てられます。もしくは一日二件だとしても、一二時・二時とか、四時・六時というつながった入れ方をすれば、半日まとまった時間を生み出すこともできる。この刻み方の一時間という小さな差が、やがてセールスパーソンにとって大きな差になっていきます」

「自分が担当すれば、きっとこの会社のためになる」と思えるか？

個人保険を預かっている顧客が起業したり会社を継いだりという機会に、法人保険の提案を依頼されるケースがある。しかし、相手が望んでいるからといって、すんなり事が運ぶとは限らない。

「ご紹介で出会ったお客さまから『こんど会社を継ぐことになったので、法人保険も頼むよ』というお話をいただきました。ところが、会社を訪ねた僕を迎えたのは社長さんではなく、三代仕える番頭のような総務部長でした。税理士資格もお持ちで生命保険にも詳しい方なので、いろんなアイデアを出されたり、他社の比較表をつくられたりしました。

それに対して、自分が担当者になったらできることを提案していたのですが、『じゃ、考えとくね』の一点張りで、なかなか前に進みません。何度も通うこと一年半、僕は自問してみました。『どうして総務部長は価格にこだわるのか？　それは、少しでも安いほうが会社のためになると思っているのだろう。じゃあどうして自分は、この会社の担当になりたいのか？』と」

本多の答えは明確だった。「この会社のお役に立ちたいからだ。自分が担当させてもらえたら、きっとこの会社のためになると思うからに他ならない」――その一点である。

「つまり、総務部長も私も向かうゴールは一緒なのに、商談をするとなぜか違う方向を向いてしまう。それは、自分が担当する意義を社長に認められたいがために、総務部長ができないかもしれないことを探しているからではないか。つまり、どこかに劣等感があって負けず嫌いな自分が、総務部長に勝とうとしているせいなのだと気付いたのです」

本多は、次の訪問でこう話した。「当社で提案できるのはいちば

◀61か月目の契約継続率90.1%という業績に対して贈られたトロフィー。本多は「解約を9.9%発生させてしまった記録」と気を引き締める。

ん安い商品ではないかもしれないし、返戻率がいちばん高い商品ではないかもしれません。それに、総務部長さんのような優秀な方がいらっしゃれば、僕を担当にするメリットは少ないでしょう。ただ、会社に欠かせない存在の総務部長さんがこの先、ご定年を迎えられたあとはどうでしょう。僕は代わりになど到底なれませんが、生命保険のプロとしてお役に立てることがあるかもしれません」

するとそれまではなんの注文もつけていなかった社長が口を開いた。

「本多君、そうなんだよ。うちみたいな中小企業が、長く忠誠心を持って仕えてくれて、しかも税理士の資格まで持っている総務部長の次を探そうと思っても簡単に見つかるものじゃない。そんなときに本多君が担当してくれていることで少しでも安心感を持てるのだったら、この程度の掛け金の差なんて気になるもんか」

社長から貴重な存在だと認められれば、総務部長としても嬉しくないわけがない。

「僕たちは、それでようやく同じ方向を向いて、ゴールを決めることができたんです」と本多は振り返る。

No.27

すべての成功は「初回面談トーク」にかかっている

石井清司は、プルデンシャル生命が誕生して間もない一九八九年に入社。ライフプランナーという新しいセールス道を切り開いてきた一人だ。長く続けてこられた秘訣はどこにあるのか。

石井清司

［広島支社 1958年生まれ／前職：旅行代理店］

「仕事を楽しむことではないでしょうか。しんどいという人は、売ろう、売ろうと思う気持ちが強すぎるように見えます。僕だって、いつもご契約をお預かりできているわけではなく、不調なときは弱気にもなります。でも、営業活動というのは、いろいろな人との出会い。人から学べることはたくさんありますし、こちらも勉強しておかないと、お話ができない。売らなくちゃいけないではなく、勉強していればいいんだと思えば、楽しくなってきます」

契約者との交流がきっかけで、セールスのかたわら大学院にも通っていたことがある石井のセールス道は、貪欲なまでの学びに裏打ちされたものだ。また、学びの対象は知識だけではない。海釣りをしたり温泉を回ったりと、遊びを通しても貪欲に吸収していった。その積み重ねが、地元広島で活躍する経営者たちを相手に、あるときは相談者として、あるときは保険セールスとして頼られる今日の石井をつくったといっていいだろう。セールスの第一線で長期にわたって活躍し続ける秘密に迫る。

全力で学び、全力で遊ぶ人こそが成長を続ける

石井は、地元の広島で活躍している経営者たちから、あるときは保険セールスとして、またあるときはビジネスの相談相手として頼られている。経営者との付き合いで求められるポイントは、どこにあるのだろうか。

「どちらが良い・悪いではなく、ビジネスには二種類あります。たとえば一見さんお断りの鮨屋と、とにかく値段で勝負している回転寿司。前者は板前としての腕前や考え方を買ってもらうスタイルで、ネタがいいのは当然として、お酒ひとつにしても、知る人ぞ知る小さな蔵元と交渉して仕入れたりしている。そういう見えないところでのドラマがないと、いいものを知っているお客さまは納得しません。経営者の皆さんが求めるものも同じだと僕は思います」

▶創業者「坂口陽史」の名を冠した賞（※P101参照）を2002年に受賞。

だから、ふだんの過ごし方が大切なのだと石井は考えている。

「会社が教えてくれるのは、基本的なマニュアルに過ぎません。石垣を組む大きな岩だけを与えられても、そのままでは崩れてしまいます。自分でぎっしりと隙間を埋めるために必要なのが、第一には教養です。休日にどんな本を読み、どんな番組を観て過ごすかが問われます」

学ぶ習慣のないセールスパーソンは伸びない。だが、勉強だけでもダメだと石井は付け加える。どんな人と、どんな遊びをするかも、すべて自分の成長につながる肥やし。かくいう石井はアウトドア派で、契約者や友人たちと船に乗って海釣りをしたり温泉に行ったりするそうだ。

「中途半端にかじったくらいでは、お客さまとその話をすることはできません。どうせ遊ぶなら、極めようとすることです。多くの人たちとお付き合いして感じます。仕事ができる人は遊びも一流です。僕もそうありたいと思っています」

訪問先の様子に少し目を配れば話のツカミはいくらでもある

クロージングがうまくいかない人には、なにが足りないのだろう——。石井には、明快な答えがある。

「原因はクロージングにあるのではなく、その前のプロセスからうまくいっていない場合が多い。よくよく振り返るとじつは初回面談がうまくいっていない場合が多いのです。最初の面談でお客さまがきちんと腹落ちしていないから、あとから苦労するわけです。セールスは、一連の流れです。映画を途中から見始めても、クライマックスの意味がわからない。それと同じです」

では、石井が初回面談で心がけていることとは、なにか。

「僕はツカミを大事にしています。とくに法人の場合は、生命保険の話をいきなりしてもダメです。まずは場を和ませて、相手の会社や業界の話を引き出します。少し目を配れば、『企業理念』や『表彰状』というヒントがいくらでも展示してある。たとえば縫い針の会社なら、キルトのパッチワークが飾ってあるわけです。それに水を向けて夢のある話を聞き出したりすることができるし、ほかにも、出されたコーヒーが美味しいとか、器が素敵だとか、話の端緒はいくらでもあります」

「できるヤツだな」「面白いヤツだな」と思わせる話術

顧客を訪ねた際、石井がこだわる〝ツカミ〟のトーク。もう少し掘り下げると、こういうことだ。

「剣道みたいに向かい合って、間合いを図りながら、探り合うようなところもあります。そんな中で、『こいつはできるな、面白い男だな』というイメージを相手にどう植え付けるか。その方法のひとつとなるのが〝たとえ話〟です。なにかのエピソードを使ってもいいし、絵を描いてもいいし、なんでもいい。大切なのは、人間とし

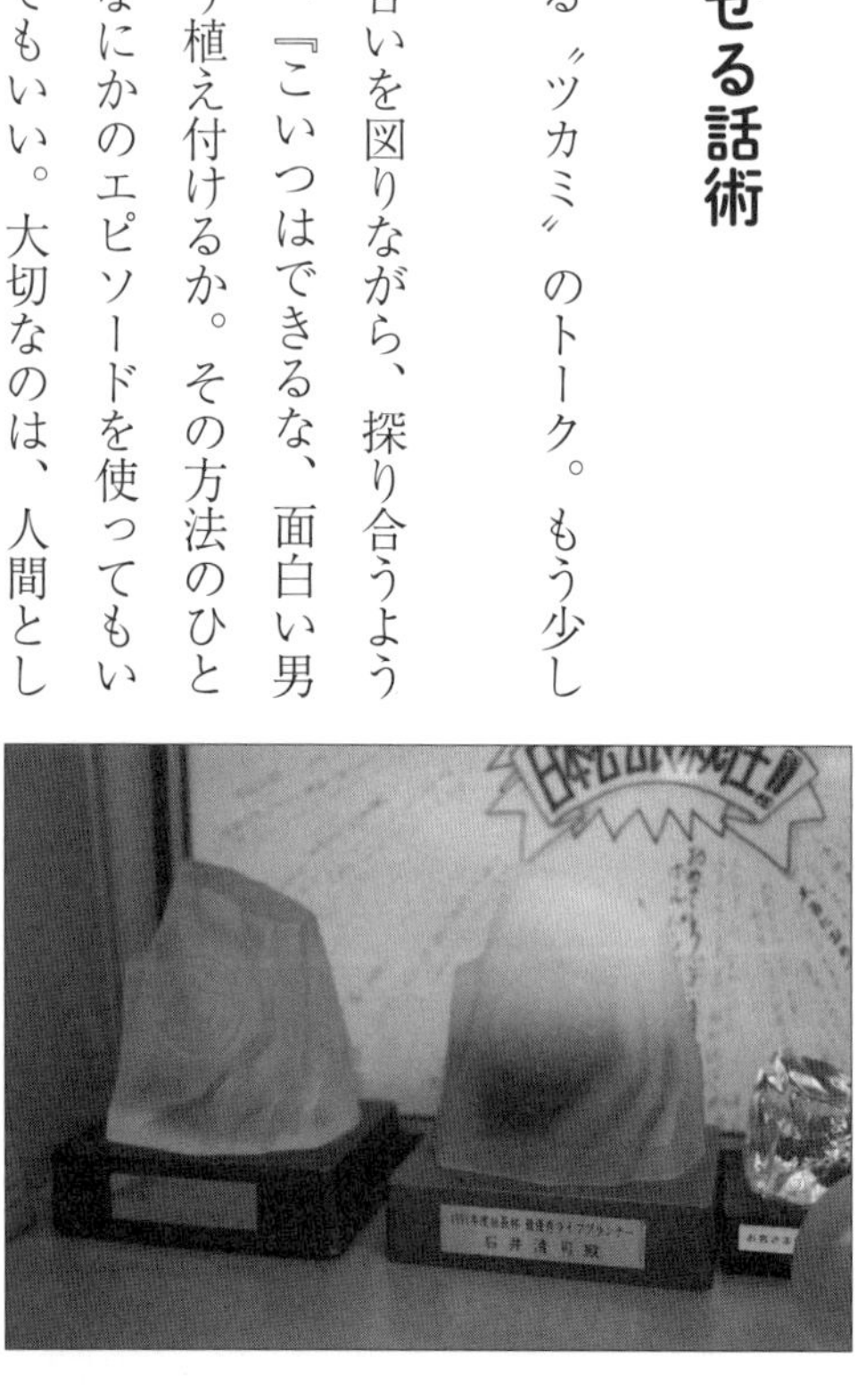

◀年間営業成績1位も2度獲得している。

て、興味を持っていただくことです」

しかし、それが簡単にできれば苦労はない。どんな剣さばきをすれば、相手から興味を持たれるのだろう。

「ほんの少し、ひと工夫するのです。僕の場合は、けっしてお世辞じゃないですけど、相手に対して素敵だなと感じたことを伝えたり、笑いをとったりします。そうして場が和んだあとに、『あれは税制が変わって何%になりましたから……』などと、具体的な数字を入れたビジネスの話をする。そのギャップで、おやっ？　と感じてもらうわけです。二人の料理人がいたら、同じ食材の同じ料理でも違う味になる。つまりは隠し味をひとつまみ入れることが、セールスの差になって表れるのです」

No.28

保険の「売り子」になるな！「ストーリー」で語れ

間々田雅一

［首都圏第八支社 1967年生まれ／前職：電器メーカー］

間々田雅一はかつて、大手電器メーカーの海外営業部門で、世界各地を飛び回っていた。プルデンシャル生命に転職したのは、三一歳のとき。同世代の人間がＩＴ起業していく中で、自らの看板で勝負したいと考えたのがきっかけだった。

「じつは僕、この仕事には外資系のスマートなコンサル職のイメージを抱いていたんです。ところが入社してみて実際に待っていたのは、朝から晩まで足を動かすセールス職でした。前職は世界的なメーカー相手の「ＢｔｏＢ」ビジネス、つまり会社と会社の取引だったこともあり、法人相手ではなく、個人のお客さまからご契約をいただくことへの戸惑いがすごくありました」

そんな迷いの中で結果を出せるわけもなく、間々田は自身で初年度に立てた目標を達成できなかった。セールスというものを自分の頭の中でどう再定義するか？　悩んだ末に間々田はひとつの解《かい》に辿り着く。

「モノを売るということは僕の問題。でも課題の解決と考えれば、相手の問題になります。だから、僕の知識と商品で解決できる課題を抱えている人に対して、その課題に気付いてもらった上で、解決策をメリット・デメリット両面から分かりやすく提示してさしあげる。それが自分の仕事なのだと考えたら、ようやく腹落ちしました」

自らの仕事をロジカルに再定義した間々田は顧客に対しても、つねに論理的な対応を心がけている。顧客の潜在的なニーズにロジカルに迫る間々田のセールススタイルは、異業種のセールスパーソンにとってもヒントに富んでいる。

「なぜ僕から買う必要があるのか？」を問い続ける

業績が伸び悩んでいた新人の頃、ある人が間々田に声をかけた。

「そんなファミリーカーに乗っているから成績が上がらないんだよ」

それはつまり、今後のマーケット展開を考えたとき、経営者やドクターなどのアッパー層のお客さま相手に、クルマや時計やゴルフの話ができないと不利だ、好き嫌いにかかわらず彼らの話題にのぼるものを勉強しなさいというアドバイスだった。

「そういうものを好きで楽しめる人ならいいんですよね。でも僕はクルマや時計にあまり興味がなかったので、そういったモノが好きなライバルにそういった話題では勝てないと思ったんです。だったら、なにで勝負するのか？　と、自己分析するよい機会になりました。僕はクルマのことは詳しくありませんが、経営や金融などお金全般に関することを論理的にわかりやすく説明するのは得意としています。そんな自分を求めてくれる人、自分が勝ちやすいマーケットはどこだろうと探るスタイルにしたのです」

生命保険業界にいる数十万人のセールスと自分の違いはなんなのかを、深く、また深く掘り下げていく。もがきながらやっていた作業を、間々田はいま、後輩たちにも勧めている。

「僕が重視しているのは『なぜ僕から買う必要があるのか？』という観点です。他社や他のライフプランナーからではなく、僕から買う理由はなんなのか。僕を担当者として置いておくメリットのある人とはいったいどんな人なのだろうという、お客さま中心の視点に立った課題解決の発想です。じつはライバルとは、同業他社などだけではなくて、スマホの電話代かもしれません。たとえば電話代をセーブして万が一のときに大切な人にお金を残したり、自分の将来に備えたりするという発想もできるわけです。もっとも、スマホは

◀税務・金融・会計・相続などを2年間で集中的に勉強したという間々田の本棚。最近の情報収集は新聞や読書に加え、関連する個人ブログにも及ぶ。

あまりに突飛なたとえかもしれませんけど、自分自身のお金をどう配分するかは、まさにその人の生き方のひとつ。そんな気付きのお手伝いにも、僕の必要性ってあるのかなと考えています」

賢明な女性は〝ノリ〟だけではなく理屈でもちゃんと納得したい！

他のセールスパーソンとの大きな違いとして、間々田は女性の顧客の比率が高い。最初は自分なりの考えを仮説として立て、実際の訪問で検証したところ、それが、女性のお客さまたちにとても喜ばれたそうだ。

「まずは『女性は男性より長生きですから、ご結婚されても最期は独りになってしまうかもしれませんよね』と確認したあと、こんな話をするんです。『女性にとってまとまったお金が本当に必要になる時期は、ずっと先の老後なのかもしれません。それならば、預金・株や不動産などの選択肢に加えて、長く安定的に運用することができる貯蓄型や年金型の生命保険などもいいかもしれませんね。いまのうちから保険や年金という形にしちゃって自分のお金に名前をつけておきましょう、ちょっとだけ』と」

男性の場合は「間々田さん、いい人だからとりあえずなにかしら入るよ」というノリで話が進んでいったり、断られるときも「ちょっと考えてみます」とあいまいなままになったりもすることもあるが、女性の場合は、ちょっと異なるようだ。

「男性と比較するとはっきりしていて、気に入らなければきちんと『ノー』のサインを出してくれますし、良いと感じると、どんどん質問をして理屈できちんと納得してくれるように感じます。これは、僕の持論なんですが、女性は備蓄の概念がDNAに刻まれていて、生命保険や年金保険という商品に興味を持ちやすいと感じています。だけど、ノリやイメージ先行だと直感的にご不安を感じる傾向も強いようで、そういうスタイルの競争相手が比較的入って来づらいのかなと考えています。

つまり、自分が受け入れられやすいマーケットかもしれないと。理論的で話がわかりやすいとよく言っていただける僕としては、たくさんのご質問を受けることはまったくストレスがありませんし、独身であっても既婚であっても女性にとっては、課題の解決につながるような良い話ができているのではと思っています」

正しい診断を下すためには、心を丸裸にして話してもらう

オーダーメイドの提案をする上で欠かせないのは、顧客をとことん知り尽くすこと。親兄弟などご家族のこと、お金（資産）のこと、お身体（健康状態）のこと。普通なら他人に話さないような繊細なことばかりだ。

「とくに僕は、聞きづらいことも遠慮なくお聞きするようにしています。『そのようなことまで話さないといけないのでしょうか？』と躊躇される人も時々いらっしゃいます。でも、お医者さまにかかったら、現在の症状はもちろん、過去の病歴から生活習慣まで包み隠さずお話ししますよね。触診や検査があれば服も脱ぐでしょう。僕はおカネのお医者さんです。しかも、すごい名医なんです（笑）。正しい診断を下すた

めには、心を丸裸にしていろんなことをお話ししていただきたいのです。そうしないと正確な分析ができず、結果としてお客さまにとって正しい治療や処方箋をおススメできないってことなんです。そうお伝えすると、皆さん納得してご自身のことをお話ししてくださいます」

突っ込んだ質問をしていくこと自体が、他のセールスパーソンとの差別化になるというわけだ。

「人の生死、病気や事故を予測できない限り、残念ながら生命保険には『完全な正解』というものはありえません。それでも、圧倒的なプロフェッショナルとして、目の前のお客さまが安心して誇らしく暮らしていけるようなプランをご提案したいと、僕は強く願っています。ご自身の状況や考え方や夢、そんなことをたくさんお話ししていただくことで、お客さまそれぞれの価値観や人生にぴったりの、オーダーメイドの保険をご提案できます。

お客さまにあった個別の物語になっていくことで、『ああ、いい

◀自分が顧客だったら、誰に担当してほしいかをライフプランナー同士で投票しあう〈私が選ぶMy担当ライフプランナー〉。間々田は、5年続けて毎年この名誉に輝いている。

商品ですね』だけではなく『私の将来に必要なものなのですね』と変化していきます。一般的な保険商品の話ばかりでは単なる商品の売り子になってしまいます。目の前のお客さまの人生に興味を持って、お客さまと一緒に将来に思いを巡らし、人生の物語を紡いでいく。そんな対話が結果としてお客さまの課題を解決していく、僕はそう信じています」

No.29

「選ばれるプロフェッショナル」を目指して

小山聡章

［東京第一支社 1963年生まれ／前職：人材・情報サービス］

小山聡章は一九九七年、リクルートから転職して以来、毎年約二〇〇件の新規顧客をすべて既存顧客からの紹介で広げてきた。

そんな小山も、転職した当初はとにかく活動量だけを意識し、手帳をアポイントで埋めることだけを考えて営業先へと慌ただしく向かい、お客さまの質問に答えられないまま帰ってくることもたびたびだった。

ただ、プルデンシャル生命にはそんな小山に次々にアドバイスしてくれる先輩たちがいた。たとえ支社に戻ったのが深夜であったとしても、明け方までロープレを繰り返して指導してくれるのだ。毎日の営業は試練の連続だったが、営業に対する目は急速に鍛えられていった。

「まだまだ。毎日が試行錯誤です。セールス道を極めるには、日々の経験の中で、自分を高めていくしかありません。大切なのは心技体が一致することです。その中でも最重要なのは、心ではないでしょうか。なぜこの仕事を選んだのかという初心、迷ったときに正々堂々とした行動がとれる強い心、自分はどんな夢を持って、なんのために働くのかという志。この三つをつねに持ち続けることです」

趣味で再開した剣道（五段）のように、セールス道にもゴールはない……という小山。しかし、実力を磨き段位を上げていくための歩み方はある。

「差別化」ではなく「独自化」をしてブランディング

数多くのセールスパーソンの中から自分を選んでもらうために必要とされるのが差別化だといわれている。しかし、小山の考えは少し異なる。

「他人や他社との比較をすると、他ばかりを気にすることになります。しかし、いちばん気にかけるべきなのは、目の前のお客さまであるはず。最初に考えるべきは、自分はどんなふうに、この人のお役に立てるのか？ に他なりません。お客さまの相談相手として、いかに期待を超える対応をすることができるか、頼られるオンリーワンになることができるかを考えています」

そうした中から、信頼関係を築き、顧客にどんな価値を提供できたかが評価となり、自分のブランド力の向上につながるという。

▶手にしているのは、2011年に出版した著書『トップ営業のお客様から「教わる力」』（PHP研究所）。試練をバネに人間力を高めた〈プロの仕事術〉を語り尽くした一冊。

「私は差別化ではなく独自化と呼んでいます。ブランディングと言っても難しく考える必要はありません。たとえば、私は経営者や会社幹部の方から『営業勉強会』をよく頼まれます。どうやれば紹介だけで新しいお客さまに会えご契約をいただけるか、そのエッセンスや仕事に対する考え方をお話しします。そうすれば営業勉強会をやってくれる人だよ、と紹介がつながって行くんですよね」

会うことが目的ではなく、今日会う目的はなにかを考える

既存顧客からの紹介で毎年約二〇〇件の契約を預かっている小山。お客さまからのご紹介先にアプローチし、着実に成約へと結び付けていく力量には多くのセールスパーソンが舌をまく。なぜ、同じように顧客に接しているのに、成約に結び付けるセールスパーソンと、話だけで終わってしまうセールスパーソンがいるのか。そこにははっきりとした目的意識の差があると小山は言う。

「セールスパーソンにとってコミュニケーションの最大の目的は、相手を知ることでも伝達でもありません。相手に行動を起こさせることです。いくら相互理解が深まったとしても、ご契約をいただけなければセールスパーソンとしてはいまひとつです。こちらとの会話を通して、問題の本質と解決策に相手が気付いて、新たな目標に向かって行動を起こすか否か。こちらの話が有意義だったかどうかが問われる、真剣勝負なのです」

そんな小山でも社会人になりたての頃は、「近くに来ましたから」「ごぶさたしていましたので」と、話す内容も考えずに、急なアポイントをとっていた。

「ひどい話で、お恥ずかしい。会うことが目的になっていたのです。いま私は、会う目的はなにか？　きょうのゴールはなにか？　を必ず考えてから会うようにしています。それがないと、お互いに忙しい時間を割いたことがまったくの無意味に終わってしまい、相手に対しても失礼です。目的やゴールを考えながら話す。それが結果的には、相手の満足度も上げることになります」

仲間同士で力を貸し合い、共に成功を目指していく文化がある

転職して間もない頃、深夜一二時に支社に戻った小山は、当時、営業所長に言った。

「じつは今日、お客さまの質問に答えられなかったんです」

すると、営業所長の呼びかけで支社内から集まった先輩たちが、次々とアドバイスをくれたという。

「私が必死にメモをとっていると、誰からともなく『じゃあロープレをやってみようか』という声が上がりました。深夜にそこまでしてくれるのは、一般的に考えたら不自然な行為でしょう。でも、情報発信する人のもとに情報は集まることを社員たちが心得ていて、惜しげもなく仲間同士で力を貸し合い、共に成功を目指していく。プルデンシャル生命は、そんな文化が根付いている会社なのです」

◀年に数回、「小山通信」というレターを送ることで、自身の近況をお客さまにお伝えしている。

そのときの恩を返すかのように、小山は二〇一二年度には自らのセールスの時間を割いて、ＭＤＲＴのプルデンシャル会会長として活動した。

「その年のプルデンシャル会のテーマは『選ばれるプロフェッショナルとは』でした。単なるスペシャリストではなく、真のプロフェッショナルとしてお客さまから選ばれ続けるために、なにが必要なのか、なにを大切にするべきなのか。つまりはお客さまにどれだけ高い価値を提供できるかが重要なポイントです。それを仲間同士で磨き合っていきたいと思っています」と語る小山は、つねに前を見つめ、澱むことがない。

「チャンスの扉は一瞬。それを逃さない人とは、寝ても覚めても、熱い思いと夢を持ち続けている人ではないでしょうか。大切なことは『誰を知っているか』より『誰に知られているか』だと思います。そのためには、つねにチャレンジし続け、自分自身を磨いていかなければいけないと私は思うのです」

No.30

ダークサイドに落ちることなく、セールスを続けていくために

冨崎裕之

[京阪支社 1967年生まれ／前職：住宅機器メーカー]

冨崎裕之は、途中解約・減額の少なさを示す「六一か月目継続率」で、驚異的な高い数字を誇っている実力派だ。ライフプランナーに転身する前は、住宅機器メーカーでシステムキッチンなどのルートセールスをしていた。

「その人その人の暮らしや家族構成や将来のプランを聞いて、『じゃあ、こんなレイアウトでこんな扉にしましょう』という提案型の仕事がしたくて入社したので、いろいろとトライしました。しかしながら、在籍した約七年間、十分には叶いませんでした。他社製品を主力に据える工務店さんを切り崩そうとすると、結局は『なんぼやねん?』ということが多かったのです」

設計やリフォームに凝った住宅を紹介するテレビ番組が大好きだという冨崎は、住宅と生命保険の違いはあれど、相手に合わせてオーダーメイドで設計でき、思いや願いを形にするという点で、ライフプランナーに惹かれたそうだ。

「セールスパーソンが求めているものとはなにか? それを突き詰めると『ありがとう』というコトバだと思うのです。それも、ただの『ありがとう』ではありません。大阪で言うなら『ほんまに! おおきに=サンキュー・ベリー・マッチ』です。もちろん『安うしてくれて、おおきに』というコトバもありますけど、それでは誰でもいいわけですよね。僕が言われたいのは『冨崎さん、うちのことをここまで考えてくれて、ありがとう』の一言です」

しかし、不調が続くと、お客さまのことよりも自分の利益を考えてしまったり、安易な道を行こうとしてしまいがちなのは、本能的な人間の弱さだと考える冨崎。映画『スター・ウォーズ』になぞらえ「ダークサイドに落ちないように、フォースの騎士である仲間たちにいつも力をもらっています！」という。

訪問数を厳選するからこそ「次回訪問予告」でドタキャンを防ぐ

冨崎は入社からの約三年間、毎週三件以上のご契約を一六七週連続で預かり続け、さぞかし活動量が多かったのだろうと思われるが、そうではなかったようだ。

「とにかく、がむしゃらにやりましたけど、初回訪問を週に一〇も二〇も入れていたわけではありません。目の前にいる相手の、根っこの部分を深く掘り起こしたいと僕は思っているんです。それに正直なところ、メンタルブロックもありましたから、訪問の数ということでは少ないほうでした。その代わり、アプローチする順番は戦略的に考えました。たとえるならオセロのゲーム盤が、前職の同僚、前職のお取引先、学生時代……と、いくつかあるイメージです。それぞれの盤で、どうやったらうまく四隅をとれるか。つまりパタパタパタッときれいに裏返っていくような隅（要所）に立つ方がどなたなのか。それを考えるのが大事だと思っていますので、ご紹介いただく際にそのあたりの力関係は何気なくお聞きするようにはしています。点で考えるのではなく、面で考えて動くとよくいわれますが、こうしたゲーム盤をイメージすると俯瞰しやすいと思います」

しかし、このやり方には一つ注意点がある。

「戦略的に動こうとすればするほど訪問数が少なくなってしまうので、アポイントをキャンセルされると、もうアウトなのです。『子供が熱を出しちゃって』というのは仕方がないのですが、『友だちが遊びに来ることになったから』という理由でドタキャンされると辛いものがあります。そうならないために有効なのが次回訪問の予告編なんです。まずは、その日にお話しした内容の、良かった点や気付いた点を、お客さま自身の言葉で復唱していただく。それを受けて、次回はこんなお話をしますよ、とお伝えする。たとえばドラマの最終回やサッカーの決勝戦の前に、それまでのストーリーや戦いぶりをダイジェストにして、期待感を高めるじゃないですか。あんな感じで、見逃せない聞き逃せない大切なものだと意識付ける。いわばアポイントのクロージングをしておくことが大事なのです」

油断大敵！　顧客の元から立ち去った後にこそ真価が問われる

個人保険を活動の中心に据えている冨崎。商談場所がファミレスなどでは顧客の気も散るので、できるだけ自宅でさせてもらう。「ご自宅を観察して家具などを褒めるべし」とは、よくいわれることだが、独自の話術はあるのだろうか。

「いわゆる『キャラクター売り』している屈託のないセールスパーソン

▶MDRTの世界大会などで、ほぼ毎年海外に出張している冨崎曰く「ジェダイにも修行は欠かせませんが、新人のときに精一杯やった経験値がのちのちまで生きてくるんです」。

は自然にできるのでしょうけど、僕は褒めるのが苦手なんで、それでも、お住まいのエリアについては『どうしてこちらに住もうと思ったのですか?』と尋ねておくと、『静かでいいところですね』『活気があって便利ですね』と褒めやすくなる。正しく問いかけると、正しく話が進んでいきます。気を付けたほうがいいのは、絵や調度品です。『この絵、オシャレですね。旦那さま、奥さま、どちらが選ばれたのですか?』『いやこれ、もらい物だから』『……』と気まずくなったりすると逆効果ですから」

オープニングトークばかりにエネルギーを使うと、本題の商談にも支障が出てしまうので、「今日はいい天気ですね」程度で十分だと冨崎は語る。「そんなお出かけ日和に、お部屋の中ではありますけど、聴いて良かったねという話をさせていただきますので、よろしくお願いします」とつなげば、スッと本題に入れるというわけだ。

「むしろ、帰り際が大切ですよね。商談が終わって気が緩んでしまいますから。ライフプランナー仲間も著書の中で残り香と書いていますけど、たとえばお茶を片付けやすい位置にスッとずらしておいたり、持参したマイ靴べらで、お客さまのお手を煩わせずにシュッと靴を履いたりします。逆に最悪なのは、鏡面仕上げのテーブルに指紋をべたべたと残しているセールスパーソンです。指紋が付くのは仕方ないので、『これすみません』と一言お詫びすれば『この人、自覚しているな』ということで、まだいいんです。でも、なにも言わずにそのまま帰ったら、まずはご夫婦で指紋の話題になっちゃいますよ。自分が立ち去ったあと、お客さまにどう思われるかが、セールスパーソンにとっての真価です。面前で『ありがとう』とか『勉強になった』と言われて、喜んでいてはいけません。僕が帰ったあとで、『暗い話かと思っていたのに、幸せな気持ちになったし、安心できたね』とお話をされていたら嬉しいですね」

解約を悩むことなく、安易に受け入れられるようになったら潮時

預かった保険契約の六一か月目継続率九〇%以上を毎年続ける冨崎だが、新人の頃は解約は絶対に起こらないものと思い込んでいたという。

「商談であれだけ一生懸命に話して、相手もあれだけ喜んで契約してくださった。ま

さかそれを解約されるなんてことは、まったく頭にありませんでした。二年目でしたか、解約ではなく減額の希望をいただいたときでさえも、気が動転してしまい、営業所長をつかまえて大騒ぎしたものです。『所長！　大変です！　とんでもないことが起こってしまいました！　減額です！　最初のお約束どおりにお支払いできない。お客さまのためと思っていたのに、僕はなにをしていたのでしょう？』。すると所長は言いました。『まあ、落ち着けよ。お前、そんなに大事件のように言うけど、これは事故だと思ったらいい。気を付けても、ゼロにはならないんだ』と」

そんな冨崎にとって、高継続率の表彰を受けることには、複雑な思いもある。

「どこかに、一〇〇％ではないじゃないか、という気持ちがあるからです。たとえば、ある年は継続率が九三％でしたから、お預かりした保障が七％も減少したわけです。状況変化に合わせた見直しならいいですけど、すべて解約ということでご縁が切れるのは寂しい。

◀61か月目継続率93.9%で表彰された2012年の盾。

しかも、単なる価格面だけでご判断されたとしたら、自分が存在する価値とはなんなのだろう？　という問いを突きつけられる。でも、そういうことに悩まなくなって、解約を安易に受け入れられるようになったら、この仕事は潮時なのかなとも、思いますね。僕にとってはダークサイドに落ちきっている証となるわけですから」

ダークサイドに落ちないために

いまひとつ伸び悩んでいる人はどこが良くないのだろうか？　冨崎は、ここでも映画『スター・ウォーズ』を引き合いに出す。

「あるセールスパーソンが、夕方になって会社に帰ってきます。『今日はダメでした……』と、誰かに話を聴いてほしい。だけど、努力して輝いている人たちには近寄りがたいので、ダークサイドに引き寄せられていくんですね。そのとき、ダース・ベイダーの言うことって決まってますよ。『まあまあ、そんなにみんな売れるわけないって。２・６・２の法則ってあるだろ。上の２を見たってダメだよ。お前だって６には入ってるだろ。ならいいじゃん。さ、仕事なんて切り上げて、居酒屋で一杯やろうよ』。このあとは、お互いに傷の舐め合いですから、そこには反省も学びもなく、なんの解決にも成長にもつながりません」

やはり、つねにジェダイ・マスター（ジェダイにとって到達可能な最高位の階級）に接していることがいちばん望ましい。自分もそうしてきた、と冨崎は言う。

「マスターというのは、売っているだけのトップセールスではなく、人格も素晴らしい人たちのことです。あぐらをかくことなく、いつも自分を高めるための研鑽を習慣化しています。継続と変革というものがなければ、本当のプロにはなれない。つまり下りのエスカレーターを登り続けるような意識が必要なんですね。負の感情のエネルギーは強大で、怒りや憎しみや妬みは、一瞬でダークサイドへと人を転がり落としてしまう。それに対して正義感や誇りや優しさは、一段一段の積み重ねでしか到達できない。でも、いちど手にしたら、簡単には揺るがない力になる。そんなフォースを持つ仲間がたくさんいて、弱気になったときはいつでもどこでも、気軽に電話をかけられる仲間が何人かいます。だから僕は、ダークサイドに落ちずにいられるんです」

あとがき

　この本の副題に「プロフェッショナルセールスマン２」とあります。第一弾は、若くして亡くなったプルデンシャル生命保険のトップセールスマン・甲州賢さんの人生とセールス道を描いた、拙著『プロフェッショナルセールスマン』です。プルデンシャル生命保険の社内向けにまとめた二冊の追悼本を元に、再取材・再構成した一冊でした。

　甲州賢さんの物語を書くにあたっては、四〇人ほどの先輩後輩、顧客、友人、ご家族から話を聴きました。彼ら彼女らが共有した具体的なシーンや、ご本人の口から直接受けた教えなど、いくつものエピソードを知ることができました。しかし、人に見えないところでご本人がどんなことを考え、どんなことをしていたのか。物語のピースがうまくつながりにくい部分がどうしても生じてしまいます。そこは、想像と推察を繰り返し、親交のあった人たちに相談・確認しながら文章化するしかありません。甲州賢さんに直接話が聞けたらどんなにいいだろう——。なんども思いました。

それから約二年。甲州賢さんと同じように、セールス道を極めながら歩む人たちの物語を書く機会をいただきました。ご本人から話を直接聞くことのできる有り難さときたらありません。当時の背景、シーンの再現、感情の揺れ動きなど……。どんなことを尋ねても、よどみなく、ぶれのない答えが返ってくるやりとりは、この上ない体験でした。

『日出ずる国の営業』に毎週五話を掲載するために、五時間、六時間にも及ぶ長時間の取材にお付き合いくださったライフプランナーも少なくありません。ライフプランナーを経て日本一のセールスマネジャーになった親友からの「フルコミッションのセールスマンにとって貴重な時間を、一時間もらうだけでもタイヘンなことだ」という一言は、私をハッとさせました。訊き方が拙いために、余計な時間をとらせてしまったことも多かったに違いありません。

それでも、ライフプランナーたちが熱く語り続けたのは、このフェイスブックの主旨〈営業を通じてニッポンを元気にする〉に、心から賛同してくださったからです。

・誰もが、始めからうまくなどいってはいなくて、
・誰もが、なんども泥水を飲み、
・誰もが、もがきながら自分なりのやり方を探し、
・誰もが、他人ではなく自分に打ち勝ち、
・誰もが、お客さまや仲間たちとの縁を宝物のように大事にし、
・誰もが、トップクラスの結果を残してもなお満足せず、

・誰もが、問題意識を持ち続け、なおも前へと進もうとしている。

これらすべてが、トップセールスパーソンである三〇人全員に共通していることは、本書を読んでおわかりいただけたと思います。

「生まれ変わっても、またもういちど、この仕事がしたい」

こう言える人生を送っている彼ら彼女らは、キラキラと輝いています。どの読者よりも先んじて、私自身が毎回「いいね！」とつぶやき、元気をいただいていました。本当に有り難く、貴重な取材をさせていただいたと思っています。

＊

最後になりますが、まずは誰よりも先に、『日出ずる国の営業』のファンの皆さんに心から感謝いたします。ひとつひとつの「いいね！」が、事務局・関係者一同にとってこの上なく大きな励みになり、喜びになっています。誠にありがとうございます。これからもよろしくお願い申し上げます。

取材に同行くださったプルデンシャル生命保険フェイスブック運営事務局の荻原健夫さんと金子優介さんからは毎週毎週、鋭いご指摘を頂戴し、文章のポイントをブラッシュアップすることができました。書籍化にあたっては、ライターの田島清志さんに再構成をしていただき、テーマがより伝わりやすくなりました。『プロフェッショナルセールスマン』の担当であるプレジデント社書籍編集部の桂木栄一さんには『プロフェッショナルセールスマン2』の副題を冠するという、粋なはからいをいただきました。

そして、甲州賢さんの本に続いてこの仕事を任せてくださったプルデンシャル生命執行役員常務の阪本浩明さん、縁をつくってくださった同じく執行役員常務の川村和義さん、取材録のまとめと原稿チェックを担ってくださった山本理絵さん、なにより、三〇名のライフプランナーと、ライフプランナーを支える方々の意志によって、この本は生まれました。

セールスパーソンはもちろん、顧客と直に接しているすべてのビジネスパーソンにとって、一句でも一語でも、心に響くなにかがあればと願います。

『日出ずる国の営業』事務局ならびに取材・執筆チームを代表して

神谷竜太

アメリカ本国を驚愕させた
プルデンシャル生命の「売る力」
プロフェッショナルセールスマン2

2015年3月19日　第一刷発行
2015年5月31日　第三刷発行

編　者　　プルデンシャル生命保険株式会社
　　　　　フェイスブック（日出ずる国の営業）運営事務局
取材・原文　神谷竜太
発行者　　長坂嘉昭
発行所　　株式会社プレジデント社
　　　　　〒 102-8641
　　　　　東京都千代田区平河町2-16-1 平河町森タワー13階
　　　　　http://president.jp　http://str.president.co.jp/str/
　　　　　電話　編集(03) 3237-3732
　　　　　　　　販売(03) 3237-3731
装　丁　　長 健司
販　売　　高橋 徹　川井田美景
編　集　　桂木栄一
制　作　　関 結香
印刷・製本　図書印刷株式会社

ISBN978-4-8334-2094-5
Printed in Japan